사랑은 왜 밖에 서 있을까

사랑은 왜 밖에 서 있을까

최문자 산문집

난><다

작가의 말

사랑에
나는 빚진 자입니다

첫 에세이를 시작합니다. 긴 시간 시만 썼습니다. 그동안 어떤 순간에도 시 말고 다른 글을 쓰는 것은 불편했던 기억이 있습니다. 어느 날 나도 말하고 싶은 게 넘치면 에세이 한 권 갖게 되겠지라는 막연한 생각을 하고 있었는데 난다에서 현실화시켜주었습니다.

가끔 상처 난 곳을 들여다봅니다. 흉터는 신비한 곳이지요. 제자리로 못 돌아가는 살점들이 굳어 있었죠. 무섭게, 고요하게 종이처럼 접히기도 하고 변형, 변색되어 있었습니다. 흉터만큼 강력한 침묵 지대가 있을까요? 쓰고 싶어도 답장할 수 없는 곳입니다. 짧은 사랑인지 영원한 이별인지 어둠의 고백인지 위험한 일을 저지르다 멈춘 곳인지, 이 책을 쓰며 달랬지요. 흉터도 시의 기척으로 읽어주기를 바라는 마음으로.

히브리적 상상력이 담긴 기독교와 관련된 글이 더러 있습니다. 그동안 출간한 여러 권의 시집에서도 잘 드러내지 않던 것입니다. 나는 내 문학에 하나님을 함부로 불러내지 않습니다. 이 책에서도 오히려 사마리아인의 에피소드를 이야기하면서 하나님께로 가까이 가고 있습니다. 사마리아인의 에피소드는 길 위가 아니라 길 주변이나 길 밑에서 시작됩니다. 그들은 권력의 중심보다 외부에서 줄기차게 서성거리며 고통을 당해왔습니다. 신이 말한 진정한 사랑이란 길 아래 얼굴에게 자기 얼굴을 맞대고 타인의 고통을 마주하는 순간에 나타난다고 했습니다.

어머니도 항상 길 아래를 바라보라고 가르치셨습니다. 길 아래를 잘 챙기고 살아야 하나님이 기뻐하시고 적이 없는 사람으로 만들어준다고 일러주셨죠. 어머니는 적

없는 사람이 가장 자유로운 사람이라고, 적도 소중한 사랑의 대상이라고 늘 말씀하셨습니다. 그런데 20대, 스물여섯 화려한 호텔 결혼식이 끝나고 내가 사마리아인들이 사는 길 아래를 향해 떠나려 할 때 어머니는 말씀과 달리 왜 그렇게 슬피 우셨을까요?

늦은 감정들에 둘러싸인 우리를 기쁨으로 꽉 채울 수 있는 건 '사랑'이라는 감정입니다. 사랑할 시간이 늦어서, 사랑할 시간을 놓쳐서 죽은 자의 흉터까지 사랑하게 되었습니다. 사랑은 온 힘으로 살아내는 중력입니다. 어느 날 갑자기 눈감아버리는 그런 죽음은 아직도 해석되지 않지만, 있었습니다. 남편의 죽음 이후 찾아온 이 모든 낯선 감각들. 첫 산문집에서 왜 죽음 이야기를 이렇게 써야 할까요?

빚진 자인 나에게 턱없이 고마운 사람들, 있었습니다. 불행도 슬픔도 겹쳐서 온다는 말을 실감했습니다. 남편의 갑작스러운 죽음, 그로 인한 재산 처리 문제까지 겹쳐

우왕좌왕할 무렵 나는 크게 보이스피싱까지 당했고, 폐암으로 폐를 잘라내는 큰 수술까지 했습니다. 모두 3개월 안에 한꺼번에 일어난 일입니다. 경제 문제에 지극히 무능했던 그때의 나를 아무 조건 없이 나서서 도와주거나 기도해준 몇 사람이 있습니다. 사랑은 왜 밖에 있을까? 하고 생각하며, 그들의 조건 없는 사랑에 나는 빚진 자입니다. 그 사랑 앞에 씁니다.

난다의 김민정 대표가 아니었으면 이 첫 산문집 출간은 어려웠을 것입니다. 김민정 시인은 누구에게서나 흉터를 빨리 찾아낼 수 있는 시인입니다. 또 한 작가의 실패와 고통, 무기력에 철저하게 버팀목을 세워주죠. 말하고 싶지 않은 자에게 말을 걸어 글이 쏟아질 때까지 기다려줍니다. 보석 같은 출판인입니다. 이 모든 나의 사랑스러운 채권자들, 나는 어서어서 빛나는 것으로 갚아야 합니다.

2022년 2월

최문자

차례

작가의 말 004
사랑에 나는 빚진 자입니다

1부

푸르게, 불행은 날개를 단다
○

불편한 여자 · 012

누구의 잎으로 산다는 건
한 번도 내가 꽃피지 않는 것 · 018

빵은 시보다
접시를 깊게 포옹하고 있다 · 021

버티고 Vertigo · 024

지울까, 지워질까다 · 028

쪼가 · 031

2013년 다음에
2015년이었으면 좋겠다 · 034

짐작은 가끔 맞지만 자주 틀린다 · 042

너 정말 괜찮으냐고 물었다 · 044

그때는 정말 뿌리를 부르게 된다 · 047

배꽃과 총장 · 054

제 청춘은 왜 이리 희미합니까? · 058

그것이 꽃구경이었을까? · 063

슬프네, 슬프네 하면서 · 066

푸른 고통 · 071

혹시 사랑이라 해도
사랑을 발굴하지 않았다 · 074

시의 발소리 · 076

2부

시는 비밀을
어떻게 품고 있는가?
○

유년·080

밤의 경험·086

시인들의 보는 법·095

말, 소리, 빛깔·098

시와 비밀·102

학생들에게 언제나
없는 세계를 가르쳤다·105

사과·108

옥수수·112

은초堰草·115

인간은 너무 많은 기억을 죽여왔다
·118

눈먼 자들의 회의·122

친구·126

페르소나Persona·128

향·132

그대는 흙이니라·135

조장·138

0의 얼굴·142

보랏빛 공포·144

금요일·148

3부

나무는 죽을 때
슬픈 쪽으로 쓰러진다
○

허기는 언제나 위험하다·152

그날, 오래도록
옻나무밭에 서 있었다·154

5분·156

괴물·158

사과가 지구다·162

에미는 네 껍질이야·165

모두 곡선이었다·168

문·170

의자·173

연탄과 시인·176

나는 없겠네·179

자기 자신에게
거짓말을 할 수 있는가?·182

나무가 손목을 끌어다
집에 데려다줄 것이다·185

나는 엄청 빚진 자였다·188

예스와 노 사이의 무수한 점·192

나무는 죽을 때
슬픈 쪽으로 쓰러진다·194

오늘은 시를 쓰려고
애쓰지 않았다·196

1부

푸르게,
불행은 날개를 단다

불편한 여자

 불편을 공부하던 나의 수업 시대가 있었다. 쿡쿡 박힌 씨 같은 것을 뱉어야만 했던 불편이 있었다. 나는 어려서부터 높은 곳을 무서워하는 약간의 고소공포증을 가지고 있었다. 그런데도 남편의 괜찮아, 괜찮아 하는 말을 들으면서 20층에서 6년이나 살았다. 안방이 세상의 모든 가로수보다 몇 배나 높았다.

 우리는 날마다 벼랑 끝 같은 20층에서 식사를 했고, 나는 벼랑 끝에 서서 책을 읽었다. 20층에서 지상을 내려다보면 어렴풋이 향나무 몇 그루가 서 있고, 누가 어렴풋한 개를 데리고 산책을 하고, 새들이 날파리처럼 어렴풋이 날아다니고, 어렴풋이 눈사람이 녹고, 사람들은 어렴풋이 사람인 것처럼 보였다. 어렴풋한 세계가 벼랑 저 아래 있었다. 20층에서 내려와 땅을 디디며 어렴풋해지는 연습을 했다. 날마다 땅에서 오래 있다가 저녁이 되어서야 20층에 올라가 남편을 기다렸다.

6년을 참고 견디다 어느 날, "바람이 세게 부는 날은 아파트가 흔들리는 느낌이 들어요" 하고 한 5층 정도로 이사하면 어떻겠느냐고 내가 어렵게 제안했을 때 남편은 어처구니없다는 표정으로 아무 말 않다가 현관문을 쾅 닫고 나갔다. 그때 남편이 "참 불편한 여자네"라고 혼잣말하는 걸 나는 들었다. 잠자리에 들면 꼭 허공에 누운 것 같아서 가슴이 두근거리고 식은땀이 나는 증세가 조금씩 더해갔지만 '높다'라는 말을 수도 없이 삼켰다.

그 일 때문에 우리는 얼마간 불편했다. 뜨거운 여름 마당에 물을 뿌리듯 나는 내내 불편을 잠재우고 있었다. 그 일이 그렇게까지 불편했느냐고 남편은 화난 목소리로 나에게 물었다. 나는 그때 내 불편이 정당한지 어떤지에 대한 적절한 해석이나 대답을 갖고 있지 못했다. 평소 나의 불편을 주로 내가 만들어냈다고 생각하고 있던 터였기 때문이다. 얼마 안 지나서 우리는 8층으로 이사했고, 어두운 수업은 끝이 났다.

불편은 우리에게 무엇일까? 불편했던 몇 개의 순간 때문에 나는 나도 모르게 불편에 대해 많이 쓴다. 20층 건물 맨 아래 깔린 듯 시멘트 틈에 끼어서 자라는 민들레의 불편함에도 나는 무심할 수 없다. 자세히 보면서 지나다닌다. '키 작은 여린 풀도 밤새 20층이 불편해야 아침에 꽃을 피울 수 있나?' 자세히 보면 불편엔 고단한 삶이 잘 안 보이는 손잡이처럼 나와 있다. 누군가가 그 손잡이를 조금씩 틀어주면 문이 열릴 텐데. 민들레는 오늘 아침 한껏 노란 꽃으로 웃고 있었다.

나의 불편들은 우선 가만히 있어준다. 불편함들이 모여서 대오를 조직하고 자신의 처지를 외치거나 문제를 만든 적은 없지만, 불편한 속성은 단단해서 사소하지 않다. 마음과 다르게, 이상하게 막 나가는 불편도 있어 때때로 나는 막막했다. 한꺼번에 마구 울리는 종소리 같은 불편함이 무더기로 오거나 연속성을 갖거나 했다.

K시인의 시집은 첫 페이지부터 읽기 불편해서 잘 팔리지 않고, 늘 매대 가장자리에 있거나 서가 맨 아래 깔려 있다고 했다. 그런데 사실 읽는 불편함에는 읽는 자들이 스스로 가지고 있던 어떤 불편함도 한몫하지 않을까? 가까운 시인들조차 읽기 불편했다는 그의 시를 읽으면서 나는 전혀 불편하지 않았던 것을 기억한다. 불편은 참으로 여러 곳에서 막을 수 없는 생경함과 잘 안 보이는 손잡이와 느낌을 가지고 읽는 자를 향해 걸어오는 것 같다.

잘 아는 버섯 전문가의 불편도 있다. 버섯은 죽은 나무와 쓰러진 나무 그루터기에 모여 자라나는데, 장소마다 버섯이 손 내미는 법이 다르고 색깔이 달라서 신기하고 난해하고 오묘하다고 한다. 그 때문에 버섯 전문가인 그는 시간 가는 줄 모르고 버섯만 바라보고 있다가 밤에 하산하는 날이 잦다고 했다. 그런데 그의 아내는 버섯 보기가 불편해서, 쓰러진 나무만 봐도 산길을 돌아서 간다. 우리는 아무렇지도 않게 수십 수백 가지 불편함을 서로 지우면서 한두 개의 불편함에 걸려 넘어진다.

늦은 저녁에 돌아와 현관에서 신발을 벗는다. 나는 너무 많은 사람 속에 있었다. 하루종일 스친 사람들과 언어들, 사물들. 피곤했던 내 신발 두 짝에 가득가득 종이 다른 불편이 들어 있다. 또 영혼과 옷 사이의 여백이 불편해서 내 영혼은 속옷조차 걸치지 못한 맨살이다. 맨살이 또 불편해서 내 가슴, 팔다리, 빈 얼굴과 불편하다고 목말라 죽는 내 방 마른 꽃다발까지 온통 남보다 더 추운 겨울을 보낸다.

사랑도 불편하긴 마찬가지. 가장 불편했던 사랑, 뼈아픈 이별, 이런 처절한 불편은 정말 과거 일로 끝날까? 불편은 왜 현재에 오래 머물다가 미래에도 생겨날 것 같은

가? 불편을 참고 사랑을 부풀린다고 사랑이 따뜻해지거나 자라거나 커질 것 같은가? 불편해서 늙지 못하도록 불편은 자주 나를 찾아왔다.

카페에서 신부님이 오른손으로 커피를 마시는 사이, 나는 그의 왼손을 바라보았다. 왼손은 어쩔 줄 모르다가 나처럼 가만히 있어준다.

○
누구의 잎으로 산다는 건
한 번도 내가
꽃피지 않는 것

 누구의 잎으로 산다는 것은 마치 아무 생각이 없는 사람처럼 사는 것이다. 단 한 번도 나로 살지 않는 것이다. 얼마간 나도 누구의 잎처럼 산 적이 있다. 계절이 바뀌면 모두 내 얼굴을 바라봤다. 혹시 내가 나의 허공을 버리고 어딘가로 날아가지 않았을까 하고.

 우리나라 속담에 '잎은 잎대로 가고 꽃은 꽃대로 간다'라는 말이 있다. 모든 것은 처지나 속성이 비슷한 것끼리 모이기 마련이라는 뜻이 된다. 식물의 잎은 대량의 녹말 창고다. 잎이 없다면 모든 생물은 생태계 파괴로 얼마간 대혼란을 겪다가 아마도 멸종하게 될 것이다.

그런데 왜 잎으로 사는 것은 이렇게 많이 어둡고, 많이 중얼거리고, 많이 울먹이다 비쩍 마르고, 많이 죽고, 죽어서도 가을이 그렇듯 몇 개의 마지막을 재로 만들고, 잘 으깨져서 얼어붙고, 많이 망각되고, 붉은 탄피처럼 나뒹굴고, 사방에서 연인들이 마른 소리를 내며 밟고 가는 처지가 되는 것인가?

5월 속을 걷다가 푸르기만 한 잎들을 바라본다. 잎이 저렇게 새파란 건 새파랗게 고통에 질려 있다는 뜻 아닐까? 잎의 슬픔은 뒤집혀도 똑같은 색깔이라는 것이다. 제아무리 무성해진다고 해도 잎은 스스로 꽃이 되지는 않는다. 한결같이 그 누구를 위해 뙤약볕 아래 구슬땀을 흘리며 열심히 '광합성 작용'이란 과중한 노동으로 빵을 저장해야 할 뿐. 길고긴 목마름의 시간도 온몸이 찌그러지는 위축증의 시간도 참아내야 한다. '누구의 잎으로 산다는 건 한 번도 내가 꽃피지 않는 것'이라고 나는 일기에 적었다.

가을이 되면 잎들도 조금씩 조급해진다. '너를 위해 죽을 수 있음'을 되뇌던 것과 달리, 어금니를 깨물다가 겨울이 오고 가루가 되고 재가 된다. 말없이 피가 마르고 죽음과 섞이는 잎을 나무는 바라보고만 있다.

영원히 푸른 잎도 있다. 죽지 못하고 죽음보다 더 깊은 절망과 고통에 시달리는 늘푸른잎이다. 어쩌면 길고긴 푸른빛으로 된 고통이다. 고통을 견디다못해 잎이 동물을 잡아먹거나 거목을 쓰러뜨리는 경우도 있다. 신은 많은 잎을 세상에 풀어놓았다. 그런데 세상은 왜 푸르지 않을까? 그러나 잎으로 산다는 것은 잎이 없는 환멸의 경우와는 다르다. 끝난 자리도 충분히 숭고할 수 있다.

빵은 시보다 접시를
깊게 포옹하고 있다

가난한 남자와 결혼하고도 읽고 싶으면 철없이, 망설임 없이 책을 샀다. 시를 쓰려고 하면 어디선가 두 가지 이상의 무거운 빵들이 나를 기다리고 있었다. 언제나 시는 빵과 다른 중력으로 매일매일 집요하게 접시에 담겨져 있었다. 때로는 빵들의 무게가 시와 같아지거나 더 무거워지려고 해서 무섭고 견디기 어려웠다.

처음부터 시는 빵에게 줄 것이 거의 없었다. 낮고 납작한 저 접시 위, 낯선 빵 위에 자주 시를 떨어뜨렸다. 빵 안에 없는 문장을 가지고 문을 열어 들판으로 나오면, 두려워서 나무처럼 우두커니 서 있었다. 접시를 닦으며 가끔 내 시의 캄캄함을 생각했다. 식탁 위로 팔이 닿지 못했던, 짧았던 나의 팔을 기억하는 접시들. 누가 접시를 바꾸어놓았더라도 빵은 시보다 접시를 깊게 포옹하고 있다. 자주 접시를 깨뜨리고, 접시에서 꺼낸 빵의 말들도 깨뜨리고, 매일매일 내 것이 아니었던 빵의 이야기보다 시를 쓰고 있었다.

미지근한 빵은 불길했다. 매일매일 차가운 접시 때문에 이곳에서 미지근한 빵을 먹으며 지냈다. 미지근한 욕조의 물처럼, 미지근한 기도처럼, 그날 데모 군중 끝에서 미지근한 얼굴로 따라가던 어떤 시인처럼 가장 늦게 남아 있는 나의 온도. 날마다 멀리서 나에게 오고 있었다. '이렇게 생각이 다른 빵을 먹고 내 시는 멸망할 수도 있어' 하면서 미지근한 빵을 꽉 깨무는 순간, 세상은 맹세처럼 시고 달고 짜고 매운 혀가 넘쳐났다. 저마다 다른 빵을 찾는다. 세상의 혀는 왜 자꾸만 정확해지는 걸까? 기다리지 않아도 돌아오는 생일, 그것조차 나의 것이 아닌 것 같은 모서리 없는 미지근한 빵. 생일 축하 케이크를 자른다. 다른 빵을 먹고 섬광이 되고 싶다. 뜨거운 접시를 찾아야 한다. 미지근함으로부터 벗어난 단 하나의 접시라도.

버티고 Vertigo

　계기판보다 단 한 번의 느낌을 믿었다가 바다에 빠져 죽은 조종사의 이야기를 알고 있다. 비행 착각을 가리키는 버티고는 항공기 조종사가 겪는 착시현상이다. 비행중 조종사는 여러 가속도로 인해 일상에서 느낄 수 없는 착각을 경험하게 된다. 하늘이 바다 같고 바다가 하늘같이 보인다거나 같은 고도에서 회전하는데도 속도를 높이면 상승하는 것처럼, 속도를 낮추면 하강하는 것처럼 느껴진다고 한다.

　그해, 나만 북극에 혼자 있다는 추운 감정이 들었다. 오래 근무했던 대학은 낯선 남극 어디엔가 있는 멀고먼 툰

드라 같은 느낌이었고, 결코 녹슬 수 없다고 확신했던 믿음의 관계와 삶이 봉쇄되고 폐허가 되는 일들이 눈앞에서 숨가쁘게 연거푸 터졌다. 나는 그때 왜 빙벽을 생각해냈을까? 당장 절벽을 봐야 한다는 마음으로 시간이나 경비, 여행 준비, 일정 등 복잡한 것은 다 제끼고 아무 대책 없이 로키산맥 여행을 예약했다. 그때 그 일들이 그렇게 절망스럽고 억울했다. 나는 비행기를 타고 또 바꿔 탔다.

긴 비행 도중, 사람에 대한 그런 착시현상이 내게도 있었다는 생각을 하게 되었다. 바다를 하늘로 알고 거꾸로 날아가는 비행기처럼, 한쪽으로 기울어진 몸을 수평비행으로 알았다가 뒤집히는 비행기처럼, 등대 불빛을 하늘의 별빛으로, 하강하는 것을 상승하는 것으로 알았다가 추락하는 비행기처럼.

서울에서의 일상도 그랬다. 나는 지금 어느 허공을 날고 있는 거냐고 스스로에게 수없이 물었다. 그들이 나를 고속으로 회전시켰을 때, 세상의 모든 계기판을 버리고 딱 한 번의 느낌을 믿었던 것은 바다에 빠져 죽는 일이었다. 궤를 벗어나 아무도 모르게 대학에 사표를 던지고, 까무룩하게 비행기를 타고 거꾸로 거꾸로 날아갈 때 아주 잠시 한 번의 황홀을 느꼈다.

해발 4,301미터나 되는 프런트산맥의 파이크스산에 밴을 타고 올라갔다. 바위에 얼어붙어 있던 수십 미터 빙벽이 무너지는 굉음을 들었다. 그때는 참으로 마음이 위험했다. 나도 높은 눈기둥과 같이 쓰러지면 깨끗한 죽음이 될 것 같았다.

정상에 앉아 맛도 없는 엘칼레파테 빙하맛 아이스크림을 먹으면서 일곱 장의 엽서를 썼다. 천만 년 견딜 것 같던 얼음산도 내 눈앞에서 연거푸 쾅쾅 눈을 무너뜨렸다. 일행들은 눈 속에 묻어놓은 위스키를 꺼내 마시며 이야기를 신나게 나누다가 눈 위에서 춤도 추었지만, 나는 큰 눈기둥 뒤에 오래 서 있었다. 자꾸만 눈물이 났다.

돌아오기 전날, 나는 쓰다 만 여섯 줄의 시가 적혀 있는 종이 한 장만 달랑 들고 포트피어스 해변으로 저녁을 먹으러 갔다. 시 말고 아무것도 생각하지 말자고 다짐했다. 바다에서 무한한 바람이 불어와 무한으로 마음이 흔들렸고, 꽃을 그리듯 종이 위에 서울에서 쓸 수 없었던 무한 너머의 고백을 시로 쉽게 써버렸다. 마리사 몬테의 애절한 노래가 가슴을 탕탕 쳤고, 여인들의 삼바 춤 사이로 가만가만 모래 해변을 걸었다. 사람들이 멀리 사라지도록 걸었다. 이 해안은 언제부터 이렇게 슬프고 아름다웠나? 연인들은 매혹의 맨발이었고 해변은 허물어지는 모래였고 슬픈 곡선이었다. 어떤 감정도 가능한 해변에서 참으로 위험한 생각을 하고 있을 때, 대학으로부터 국제전화를 받았다. 급히 귀국해달라는 통보였다. 내일은 파이크스 눈산도 포트피어스 해변도 브라질 가수의 노래도 흐느낌도 나와 함께 비행기를 탈 수밖에 없었다.

○
지울까,
지워질까다

  어느 날 어린 딸이 말했다. "엄마, 아빠는 지우갠가봐. 엄마가 한 말을 왜 싹싹 지워?" 쓰고 지우는 것, 어쩌면 서로 한몸인 것 같다. 무엇을 소통하려면 서로 이해하기보다 우리는 꽃 대신 지우개를 들고 만난 사람처럼 서로가 서로를 지운다. 둘 중에 하나다. 지울까, 지워질까다. 몇 시간 전의 꽃 같던 사실도 무섭게 죽어나가고 매일매일 지우개가 나를 지나갔다. 지우기, 다시 지우기. 지우는 것은 무음이지만 쓱쓱 지나가고 나면 나는 산 채로 없어지게 될 거라는 예감. 나를 혹은 무엇을 지키려고 지우개 곁에서 발을 털었다. 이 흔들리는 노력은 언제까지 가능할까?

엘리베이터에 붙여놓은 종이들은 자꾸 바닥으로 떨어졌다. '이 벽은 나와 무관하다.' 무관하지만 줄기차게 붙어 있는 노력. 이것은 허기 흥통, 살아서 한 번도 날아간 적 없는 충분히 죽은 새다. 버튼을 누르면 떨어진 종이들이 날렸다. 지우개는 어디에도 있었다. 지우개를 친구로 만들어 쓰는 자들과 함께. 책상 위에 있다가 공항에도 가 있고 피레네산맥까지 따라왔다.

무엇이고 가지고 있으면 나는 불안했다. 가지고 있는 것의 무게나 비중만큼 불안했다. 누가 지우러 올 것만 같았다. 주먹을 꽉 쥐고 있는 것도 불안했다. 주먹 속에 가지고 있던 것을 쏟아놓고 쥔 주먹을 좍 펼 때, 그때 가장 유쾌했다. 이렇다보니 손에 들고 다닐 수 있는 것은 물론, 중요한 서류봉투나 원고를 가끔 분실했다. 무엇인가에 홀려 중요한 것을 분실했을 때는 놀라고 허탈해하지만 시간이 지나면 나는 쉽게 잊었다. 생각해보면 내가 잃은 건 지워도 되는, 없어도 살 수 있는 것들이었다.

사람들과의 관계가 좋을 때도 나는 불안했다. 모든 사람이 나에게서 떠나고 갑자기 주변에 진한 어둠뿐일 때, 나는 상당한 안도감을 느꼈다. 배신, 이별, 소외에 나는 놀라지 않는 편이다. 내게 있는 것들을 지우개로 싹싹 지워야 나는 하나님을 만나러 갈 수 있다. 가끔 남편에게 감사했다. 나를 형체도 없이 싹싹 지우면 그때마다 나는 짐 싸들고 기도하러 갔다.

쪼가

 쪼가는 여섯 살 된 나를 '아가씨'라고 불렀다. 그때 나는 '쪼가'라는 그 이름이 무슨 뜻인 줄도 몰랐다. 어감이 마치 속삭이는 것처럼 들렸다. 나는 쪼가를 좋아했다. 지금 생각해도 물방울무늬 블라우스를 입은 것처럼 쪼가라는 어감에 내려앉는 물방울들, 물방울을 다 맞추면 유년의 어떤 중력이 느껴졌다. 쪼가는 매일 조금씩 슬프고 조금씩 기쁜 듯했다. 쪼가는 우리집에서 부엌일은 하지 않고 어머니를 돕거나 우리를 돌봐주거나 아버지의 잔심부름을 했다.

 쪼가가 갑자기 집을 나갔을 때 엄마가 말했다. "모두들

빨리 잊도록 해라." 먼 데로 가도 먼 각도로 어긋나도 밤에도 잘 안 깨지는 줄무늬가 가족이라는 생각과 허공에 줄무늬를 그리고 돌아서서 그걸 믿고 오래 바라보면 줄무늬가 생긴다는 생각 사이에 쪼가가 있었다.

엄마는 돌아가실 때까지 쪼가에 대하여 아무 언급이 없으셨다. 지금도 '우리'로 조성된 숲에서 우리 형제들은 가끔 마틸다처럼 짐을 싸던 쪼가를 생각했다. 쪼가는 아버지의 무엇이었을까?라는 대목에서 언제나 말이 끊어졌다.

아버지가 임종하시던 날 강남성모병원에서 숨어서 울고 있던 쪼가와 그 아들을 나는 보았다. 누가 쪼가에게 연락했는지 아무도 몰랐다. 쪼가라는 이름, 아가씨라는 말에 속아넘어가던 슬픔에 대해, 어떤 사랑과 해석에 대해, 출산과 죽음에 대해, 오해와 애매한 실수들에 대해, 두툼해서 안 깨질 것 같던 줄무늬에 대해 엉망으로 터지는 대답처럼, 부서져 날아가던 가루처럼 가짜 같은 이야기만 우리에게 오래 남아 있다.

　우리 모르게 마구 깨지고 있던 줄무늬, 얼마 전 쪼가가 죽었다는 소문을 전해들었다.

쪼가(ちょか): 하는 짓이 천박하고 경망스러운 사람을 말함.

○
2013년 다음에
2015년이었으면 좋겠다

2014년 마지막 달래기

지하철에서 개망초 같은 얼굴을 하고 잠이 들었다. 이 잠이 마지막이라 생각하자, 들풀 우거진 언덕에서 혼자 울었던 시간도 마지막이라 생각하자, 라고 나는 나에게 말했다. 뜻밖에 폐암 선고를 받고, 4호선을 타고 집에 오는데 마지막 시간들이 나에게로 픽픽 쓰러졌다. 희뿌옇게 올라오는 마지막, 누군가가 마지막 속에 너무 많은 걸 집어넣었다. 내 마지막은 연구실 의자에 너무 오래 앉아 있었고, 늘 다니던 산책길에 서 있다가 도시를 지나 다시 땅바닥에서 벽으로 기어올라 그동안 밤마다 나를 내려다보고 있었다.

마지막 징후라고 했다. 이 사람 저 사람 탕탕 물 튕기며 오뉴월 땡볕에 멀쩡한 차를 두 대나 닦았다. 아냐, 아냐. 암이 아니야. 왜 하필 나야? 반짝반짝 잘 닦인 차에게 중얼거렸다. 자꾸만 송두리째 끝이 되고 있었다. 나보다 더 걸음이 빠른 마지막에게 밤마다 나뭇잎만한 시를 써주며 마지막을 달랬다. 수많은 들풀 같은 시간에게 일단 멈춰 서달라고 마지막을 달랬다.

2014년 봄

서울대학병원에서 폐를 잘라내고 너무 아파서 누구 이름을 부를 뻔했다. 울지 마, 울지 마, 괜찮아, 괜찮아 하고 보내주는 문자를 터무니없이 기다렸다. 종점 같은 침대에 피가 잔뜩 묻은 기침이 쏟아지고 주기도문을 열세 번쯤 외우다가 뒷문장을 고쳤다. 다만 다만, 그다음을 고쳤다. 수없이 아파서 수없이 고쳤다. 한 번도 부르짖지 못하고 고치기만 했다.

중환자실에는 출입문이 두 개 있었다. 하나는 영안실로 가는 복도 쪽 문이고 하나는 회복실로 가는 문이다. 드르륵 문소리가 나면 중환자들은 가물가물한 의식으로도 어느 쪽 문소리인지 구별하려고 애를 쓴다. 나도 그랬다. 폐를 잘라내는 대수술을 끝내고 스무 시간 넘게 중환자실에서 대기하고 있는 동안 영안실로 가는 문이 두 번이나 열렸다 닫히는 걸 희미하게 들었다.

회복실로 가는 문이 열리고 이동 침대에 실려 복도로 나왔을 때 복도에 가득 쏟아져 있는 빛을 보았다. 세상이 어둡다 어둡다 해도 이 빛만으로도 세상을 밝히기에 충분하다고 생각했다. 저렇게 환한 빛을 오래 잊고 지냈다. 어둠만 많이 바라보고 산 것 같았다.

2014년 여름

잃어버리기만 했다. 2,400만 원 보이스피싱당하고 졸음이 쏟아졌다. 그해 여름은 깊어만 가고 습관처럼 소나기가 가끔 쏟아졌다. 매일 푹 잤지만 눈 똑바로 뜨고 도둑맞은 돈 단 천 원도 찾지 못했다.

2014년 가을 죽음의 한 리허설

어제 본 풍뎅이 한 마리, 한번 쓰러지면 날개를 아무리 푸드덕거려도 일어나지 못했다. 풍뎅이가 깔고 누운 방바닥은 어떤 위로도 없었다. 풍뎅이가 몇 바퀴 돌면서 일어나는 말랑말랑하고 부드러운 공기는 풍뎅이가 죽을 때까지 계속되었다. 담담히 마른 공기를 뚫고 목숨이 연거푸 지나갔다. 풍뎅이는 절뚝거리며 새벽을 횡단하더니 까르르까르르 넘어갔다. 교회 갔다 와보니 남편도 넘어갔다. 풍뎅이처럼 넘어갔다. 서글픈 리허설을 끝내고 정말 넘어갔다. 봄처럼 떠들지 않고. 조용히 허망하게 넘어갔다. 보였다 안 보였다 하는 오늘을 넘어갔다. 마지막엔 소리 안 나던 풍뎅이처럼.

2014년 11월이었다. 그날 교회에서 6시쯤 돌아왔다. 날

씨는 어두운 색깔 때문에 겨울처럼 느껴졌고 바람은 음산했고 마른 나뭇잎 몇 개가 길바닥에 나뒹굴었다. 현관에 똑바로 벗어놓은 남편의 운동화. 분명 신발이 있는데 빈집 같은 섬뜩한 느낌. 지하철 탈 때부터 시작된 갈증이 차올라서 생수를 두 컵이나 들이켜고 돌아서는 순간 베란다로 나가는 유리문 앞에 길게 누워 있는 남편을 발견했다. "추운데 왜 여기 누워 있어요?"

그때 내가 어떻게 했는지 지금도 잘 생각나지 않는다. 다만 119인지 112인지가 안 눌러서 마구잡이로 휴대전화 숫자 버튼을 눌러댄 것과 TV에서 본 것처럼 팔을 덜덜 떨면서 남편 가슴을 손바닥으로 몇 번 누른 것 같은 기억밖에는. 남편은 병원으로 실려갔고 나는 죽음 '최초의 목격자'라는 이름으로 경찰차를 타고 어떤 시커먼 건물 3층으로 가 밤새 심문을 받고 여러 장의 서류에다 손도장을 찍었다.

그날 이후 목마름병이 시작된 것 같다. 당뇨 검사도 여러 번 했지만 수치는 항상 정상으로 나왔다. 물병을 가지고 다니며 수시로 물을 마셨다. 마음에 습한 기운이 돌았다. 아무데서나 저절로 눈물이 나와 부끄러웠다. 수평선 하나 가지고 있는 느낌이랄까. 현관문을 잠그지 않고 밤중까지 누군가를 기다렸다. 그의 밥주발에 밥을 퍼놓기도 하고 멀쩡한 그의 셔츠를 빨아 다림질까지 해서 걸어놓기도 했다. 유품을 보며 날마다 많은 걸 생각했다. 그때마다 물을 수없이 마셨다.

사랑하는 데는 어떤 기획이나 방법이 별로 필요하지 않다. 사랑한다면 그 사람이 행복을 느낄 시간을 줘야 한다고 생각하게 되었다. 그래야 그 힘으로 또다른 누구를 사랑할 수 있을 것이다. 자기가 즐거운 시간과 그가 즐거워하는 시간이 다를 때 서로 줄 수 있는 건 '최소량의 사랑'뿐이다. 사랑과 관심은 축소된다.

나는 혼자 있는 게 좋고, 혼자 산책하는 게 좋고, 무슨 생각이 떠오르면 그대로 놔두는 게 좋고, 그러다 책 읽는

게 좋고, 글쓰는 게 좋고, 그러다 잠드는 게 좋았다. 남편은 칼처럼 약속을 지켜야 좋아하고, 험한 산을 넘어다니는 위험한 산행을 좋아했다. 내려오다 술 한잔하는 걸 좋아하고, 술자리에서 정치 얘기 하면서 주인공 되는 걸 좋아하고, 기르기 힘든 동물 키우는 걸 좋아했다.

 남편은 강직하고 꼿꼿한 사람이었다. 몇 년 버티기 어렵다는 직장에서 33년 공직 생활을 성공적으로 끝낸 유능하고 성실한 행정인이었다. 나도 좀더 잘할 수 있었다. 몇 번쯤은 험한 산을 같이 넘어가주고 그의 화제에 끼어들어 자리를 빛내주거나 이상한 동물을 데려와도 잘 길러줄 수 있었다. 그런데 이러한 사소한 것조차 나는 그냥 넘겼다. 그에게 줄 수 있는 중요한 것들을 수도 없이 놓쳤다. 그래서 그도 나에게 말 한마디 남길 짧은 시간마저 놓쳤던 게 아닐까? 잘못은 내가 먼저다.

2014년 겨울

독한 감기가 들어도 아프지 않았다. 기어이 내게서 하차하려는 그들에게 안녕을 연습했다.

매일매일

차가운 흰 꽃이 피고, 미숙하고 슬픈 기사처럼 함부로 시곗바늘을 돌렸다. 절벽과 산맥을 넘다 밤늦게 돌아와 미래가 적힌 달력을 찢었다.

짐작은 가끔 맞지만
자주 틀린다

 산부인과 의사인 친구한테 들은 이야기다. 자궁내막염으로 자궁적출수술을 받은 40대 환자의 이야기. 여자로서 자궁적출수술을 받는 것은 쉽지 않은 결정일 것이다. 그런데 그녀는 이 수술을 받게 되자 시종 축복이라며 좋아했다고 한다. 이 여인은 일곱 살 때 구멍가게 아저씨에게 성폭행을 당한 뒤 계속 자궁에 통증을 느껴왔다고 했다.

 그 통증은 40년이 지나 자궁을 떼어내고 나서야 멈췄다고 하는데, 이것은 기억의 생생함이 몸과 정신에 깊은 통증을 남긴 예일 것이다. 당시의 경험과 기억을 삶에서 지워버릴 수 없었던 예이기도 하다. 또 미국의 한 범죄자가 고백한 말이 생각난다. 고해성사 받을 때 신부에게서 풍겼던 술냄새와 담배 냄새 때문에 영원히 크리스천이 될 수 없었다고 그는 고백했다. 기억이 얼마나 지우기 힘들고, 또 중요한 일인가를 알 수 있게 한다.

대뇌의 한쪽은 언어를, 다른 쪽은 느낌을 지배한다고 한다. 생각은 말로 표현되기 전에 뇌에 떠오르는 것이다. 기억은 뿌리가 깊어서 간단히 잊을 수 있는 것이 아니다. 뇌에 각인된다.

짐작은 가끔 맞지만 자주 틀린다. 성인이 되어 50년이 지나는 동안 '타인의 기억 속에 나는 무엇으로 남을까?' 짐작해본다. 기억은 색이 변해간다. 향이 변해간다. 그러나 기억은 야만스러운 새들이 물고 가도 강제되어 돌아온다.

너 정말
괜찮으냐고 물었다

 '괜찮아'라는 말의 질량이 전복되면 허위와 불행이 된다. '괜찮아'는 여유를 느끼게 하는 우아한 말처럼 들리지만 사실은 고통스러운 말이다.

 '괜찮아'라는 한마디 때문에 나는 첫사랑을 잃었다. 교회 고등부 2년 선배 K 남학생이 나를 좋아하고 있다는 사실을 눈치챈 명자라는 단짝 친구가 있었다. 어느 날 저녁 명자가 나를 찾아왔다. 여느 때와 달리 뭔가 자꾸 머뭇거리다가 갑자기 울면서 나에게 고백을 했다. K를 너무 좋아하는데 자기에게 냉담한 이유가 나 때문이라는 것이다. 미안하지만 제발 네가 K를 멀리해서 어떻게 해서라도

K를 자기에게 오게 해달라고 밤새 애걸을 했다. 너는 공부도 잘하고 가정도 좋고 신앙도 좋으니 K가 없는 고통을 이길 수 있을 거라며, 한 번만 자기를 봐달라고 밤새 울었다.

처음엔 나도 그럴 수 없다고 생각했지만 저렇게 슬피 우는 것이 나 때문이라는 생각이 들자 무척 괴로워졌다. 결심을 했다. 얼마 후 K를 만나서 이제 만나지 말자고 말했다. K가 어둡고 슬픈 표정으로 이유를 캐물었지만 나는 다른 핑계를 댔다. 우리는 지금 대학입시에 열중해야 할 때니 대학에 가서 다시 생각해보자고 했다. K가 자기와 헤어지고도 괜찮겠느냐고 몇 번이고 다그쳐 물었지만 나는 '괜찮다'라고 단호하게 말했고, 그날 이후 그와 만나지 않았다.

그후로 나는 괜찮지가 않았다. 그날 돌아와서 이불을 뒤집어쓰고 오래오래 울었다. 명자는 수도 없이 전화로 너 정말 괜찮으냐고 물었다. 나는 괜찮다고 또 거짓말을 했다. 그해 K는 서울 법대 입시에서 떨어졌고(재수해서 결국 들어갔지만) 명자는 스물셋에 다른 남자와 아무렇지 않게 결혼했다. 대학에 가서도 우리는 서로 연락하지 않았고 우연하게라도 만나지 않았다. 어떤 상황에서라도, 그후로 나는 누가 나에게 괜찮으냐고 물어오면 괜찮아도 괜찮다는 말을 쉽게 하지 않았다.

그때는 정말
뿌리를 부르게 된다

    새벽 1시, 한밤중인데도 중환자실은 대낮처럼 환했다. 50여 병상에서 사투를 벌이는 환자들이 제각기 누군가의 이름을 애타게 불러대거나 뭔가를 열망하면서 당나귀처럼 울부짖고 있었다. 낯설고 두려웠다. 나는 통증에 시달리면서도 자꾸만 거기에 귀를 기울이고 있었다. 중환자실에 누워 있는 사람들의 언어는 단순하고 소박했다. 대개가 알아들을 수 없는 텅 빈 말들이지만 그 안엔 살려달라는 또는 통증을 멈춰달라는 호소가 담겨 있었다. 그런데 바로 내 오른쪽 병상의 여자 환자는 예외였다. 췌장암 말기로 수술했으나 거의 가망이 없다는 그 여자는 다른 환자들과는 달리 고통을 호소하거나 살려달라고 소리치는 것이 아니라 엉뚱하게도 꽃 이름을 불러대고 있었다.

"환자분 눈떠보세요. 눈떠보세요."
간호사가 절박하게 깨우는 소리에도 여자는 눈을 뜨지 않았다. 그저 아까부터 "아카시아꽃, 아카시아꽃, 아카시아―꼬오옷" 하고 간헐적으로 꽃 이름을 외치다가 조용해지고 그러다가 다시 꽃을 불러댔다. 늘 끝에 '꽃' 자는 제대로 발음되지 못하고 뭉개졌다.

옆구리에 구멍 세 개를 뚫고 왼쪽 폐 30퍼센트를 잘라내는 수술을 한 나도 바로 한 시간 전쯤 눈을 뜬 몽롱한 상태였다. 옆구리를 칼로 찌르는 듯했고 가슴 부위가 저려왔지만, 나는 옆의 여자가 불러내는 '아카시아꽃'을 그냥 지나칠 수 없었다. 알 리 없다고 생각했지만 간호사에게 조심스럽게 그 환자가 아카시아꽃을 불러대는 까닭을 물어보았다.
"지금 남 걱정할 상황이에요? 환자분도 아까 깨어날 때 누구 이름인지 몰라도 이름 막 불러댔잖아요. 기억 안 나세요? 여기선 다들 그래요."

 내가 가장 고통스러운 순간에 아무도 의식하지 않고 불러댔다는 이름, 나에게 호명당한 그는 누구였을까? 절박한 순간에 꼭 불러내고 싶은 그 누구, 나에게도 그럴 만한 사람이 정말 있었던가? 간호사에게 혹시 그 이름을 기억하고 있느냐고 물어보고 싶었지만 그만두었다. 나도 모르는 그 이름의 여운이 아직 남아 있는 듯 입안이 얼얼했다.

 중환자실에 누워 삶과 죽음 사이를 떠다닐 때 나오는 중얼거림과 부르짖음은 아무도 해석해낼 수 없다. 50대 초반인 여자가 죽음의 순간에 꽃 이름을 통해 하려던 말이나 두손 두발이 묶인 채 무엇인가 꼭 말하고 싶어서 온몸을 뒤틀던 80대 노인이 품은 말이나 모두 상징계의 난해한 영역이다. 혹시 삶의 고통스러운 모퉁이에 서서 뭔가 말했어야 하는 순간 가루로 흩어지던, 부서진 과거의 문장일지도 모른다. 누구도 알아들을 수 없는, 여러 번 뒤집힌, 통로도 궤적도 없는 꽉 찬 언어. 아마도 그 말은 이별할 수 없어서 대상을 향해 마지막으로 전하고 싶은 연민이나 고백 같은 것일지도 모른다.

오래전의 일이다. 뇌졸중으로 쓰러진 올케가 3개월 만에 깨어났다. 온 가족이 기뻐하며 지켜보고 있을 때 올케는 눈물까지 흘리며 애절하게 '종식이 아버지'를 여러 번 불렀다. 우리 주변에 '종식이 아버지'라는 사람은 없었던 터라 황당해하며 오빠의 눈치를 살핀 적이 있다. 올케가 건강을 회복했을 때 우리는 '종식이 아버지'가 누구냐고 물었지만 올케는 전혀 모르는 사람이라고 했다. '종식이 아버지'는 올케의 그 무엇이었을까?

'종식이 아버지'는 단순히 '종식이 아버지'만이 아니고 '아카시아꽃'은 단순히 '아카시아꽃'만이 아닐 것이다. 부르는 대상이 꽃이거나 사람이거나 상관없이 무의식이 그려나간 궤적을 살펴볼 필요가 있다. 그것들은 깊은 곳에서 서로 붙잡고 뻗어나가며 위로 뚫고 오르는 그 무엇이다.

프로이트와 라캉은 무의식에 대하여 이렇게 말했다. 무의식은 한없이 거대하고 황당한 세계이며, 내가 생각하지 않는 곳에 존재하고, 내가 무엇인지 모르는 곳에서 의도치 않게 영향을 받는다. 그러므로 진정한 나를 알기 위해선 내 안에 있는 또다른 나를 응시하며 바깥에서 객관적으로 바라봐야 한다는 것이다. 또 모든 행위는 태초에 원인이 있었으며, 토해내는 말은 그것이 말실수라 할지라도 단순하지 않고, 그것의 발화는 무의식에서 발생한 구조화된 언어라고 했다.

거목이 거목으로 서 있는 것은 그 힘이 뿌리에 있어서다. 또 무한하게 뿌리의 뻗침을 수용하는 대지가 있어서다. 뿌리는 땅속에 수동적으로 묻혀 있는 존재가 아니라 무섭게 파고드는 존재다. 누구나 지상의 것이 무너지려 할 때 뿌리의 현존을 확인하고 싶어한다. 뿌리를 부르게 된다.

50대 여인의 영혼을 툭 치고 지나간 꽃, 아카시아꽃은 그 어떤 것의 부표일까? 여자의 뿌리에 무슨 일이 있었을까?

"환자분, 눈떠보세요. 눈떠보세요. 숨쉬세요."

"아카시아—꼬오옷."

'꽃' 자 발음을 끝까지 내지 못하고 힘없이 병상에서 미끄러지는 여자를 끌어올리며 간호사는 응급이 터졌다고 소리를 질렀다. 여러 명의 황급하고 어지러운 발걸음 소리, 응급처치하는 소리가 한참 동안 들렸다. 조금 있다가 바퀴 구르는 소리를 내며 옆 병상이 이동했다. 여자의 병상이 영안실 문을 향해 나갈 때 여기저기서 가느다란 울음소리가 들렸다. 여자의 병상을 따라 여러 겹의 줄이 엉기는 밤, 가시가 수없이 박힌 가지에 달린 아카시아꽃을 생각하며 나는 통증을 핑계로 소리내어 울었다.

여행을 하다가 우연히 '아카시아꽃 축제'를 만난 적이 있다. 칠곡군 지천면 신동재 아카시아 밀원지를 산책하게 된 것은 다시 만나기 어려운 행운이었다. 신동재 일원 5킬로미터 구간은 아카시아꽃으로 뒤덮여 온 산이 눈밭으로 보인다. 그 산을 오래 걸었다. 그날 버스로 돌아오는 길에도 옷에서 계속 아카시아꽃 냄새가 났다.

그 여자가 죽기 전까지 불러댔던 아카시아꽃. 하얀 순백의 꽃잎(분홍색도 있다고 한다)과 진한 향기. 아카시아꽃의 꽃말은 '비밀 사랑'이다. 그 여자의 아카시아꽃은 비밀을 품은 거대한 빙산 속 어느 무엇의 부표임에 틀림없다. 몸이 웬만큼 회복되면 신동재로 가서 그 산을 걸을까 한다. 아카시아꽃이 새하얗게 흩날리다 손등이나 발에 툭툭 걸리면 그 꽃이 한 여자가 숨을 헐떡거리며 쏟아낸 부표들인 줄 알고 반갑겠다.

창밖은 4월에서 5월로 건너가고 있다. 꽃철이다. 자고 깨보면 허락도 없이 목련이 활짝 피어 있더니 연이어 분홍빛으로, 노랑으로 작은 야생화까지 웃는다. 꽃 세상이다. 조금 있으면 아카시아꽃이 한철을 맞을 것이다.

배꽃과 총장

'시인과 총장', 참으로 어색한 결합이다. 총장이 되면 내 뜻과는 상관없이 수많은 초대에 응해야 한다. 먼 곳을 차로 가고 오는 시간들은 피곤하지만 잠시 업무를 쉬고 내가 나에게 갈 수 있는 귀한 시간이 되기도 한다.

어느 날, 축사하러 서산까지 가야 했다. 안성 못 미쳐서부터 창밖으로 보이는 건 눈같이 흰 꽃 들판이었다. 제주도 유채꽃 들판과는 또다른 황홀이었다. 멀리서 본 배꽃이 그렇게 매혹적일 수 없었다. 도저히 그냥 지나칠 수 없었고 시간도 넉넉했으므로, 잠시 안성휴게소를 나와 길도 모르면서 무턱대고 배꽃을 향해 흙길로 차를 몰았다.

수만 평 배꽃 과수원 옆에다 차를 대고 나는 오랜만에 너무 행복한 시간을 보냈다. 과수원 언덕에 오르니 사방 천지 배꽃 세상이었다. 이 세상에 배꽃만 있는 듯싶었다. 흰 눈보다 약간 연둣빛이 감도는 아주 황홀한 꽃 들판이었다. 시간이 가는 줄도 모르고 배꽃 구경을 하다가 교통체증에 걸려, 제시간에 축사를 못하게 됐다. 그 후유증으로 상당히 고통스러운 일을 겪었다.

총장이란 경험이 문학으로 남는 자리는 거의 없었다. 김광규 시인이 쓴 「늙은 마르크스」라는 시에서 "여보게 젊은 친구/마음이 먼저 굳어지지 않도록/조심하게"(『아니다 그렇지 않다』, 문학과지성사, 1983)라는 구절이 있다. 총장을 하면서 화내고 싶을 때마다 자주 이 시를 되뇌었다. 강하고, 카리스마 넘치고, 권위를 지키는 경직된 총장이 아니라 부드러워도 할 것 다 해내는 경직되지 않은 총장으로 일하고 싶었다. 또 그렇게 일했다. 그게 시인을 총장으로 쓰신 하나님의 의도라고 믿었고, 또 시인이라는 그 내면 한 모습을 지켜야 한다는 마음이 있었다.

가끔 대학 캠퍼스에서 혼자 남아 밤늦게까지 일할 때가 있었다. 나에게 그 시간은 참으로 소중했다. 그 시간에 정말 많은 규정을 숙지했고 내 전공이 아닌, 업무와 관련된 다른 전공의 책들을 읽으며 열심히 공부했다. 총장이 규정을 잘 알아야 억울한 사람이 적어지고 법질서가 지켜지기 때문이다. 하루를 반성하고 또 반성하다 잠든 적도 있다. 총장 혼자 깊이 반성하는 시간이 많아야 산더미 같은 업무 기획 속에서도 대학이 발전하고 구성원이 행복하고 유연한 업무 추진이 가능해진다고 나는 생각했다.

재임 기간 4년, 산적한 문제들로 힘들었지만 그중 발전기금 모으기는 정말 힘들었다. 혼자서는 해낼 수 없는 문제라서 교수, 직원, 동문, 목사님으로 중보기도 팀을 만들어 작정기도를 개별적으로 간절히 부탁했다. 모두 함께 줄기차게 기도했다. 깊은 기도 뒤에는 반드시 기쁨이 있었다. 그때마다 정말 많은 돕는 자가 몰려왔다. 기적 같은 일도 여러 번 체험했다. 기도보다 큰 응답을 주셨다. 신과 함께 총장으로 일했다고 볼 수 있다. 그리고 나서 늘은 저녁에 총장실을 나와 달빛이 가장 아름답게 보인다는 캠퍼스 언덕 '달맞이길'을 걸었다. 혼자 걷는 그 짧은 시간만이 시인이었다.

제 청춘은
왜 이리 희미합니까?

 삼각지에서 6호선 갈아타고 고대병원 가는 길, 옆자리 청년이 보르헤스의 『모래의 책』을 읽고 있었다. 눈을 감아도 청년이 파랗게 보였다. 연둣빛 넝쿨처럼 훌쩍 웃자란 청춘. 우린 나란히 앉았지만 피아노 흰건반 두 옥타브나 건너뛴다. 난삽한 청춘의 형식이 싸락눈처럼 펄럭이며 나를 지나가는 중이다. 설마, 하는 사이 청춘이 일어나서 그냥 나가버리는 걸 청년은 아직 모를 것이다. 고대 앞에서 내릴 때 새파란 보르헤스 청년이 하얀색으로 흔들리는 내 등을 보고 있었다. 청춘은 거짓이 없는 알몸 같다. 꿈은 무섭게 무성해지다 부서지기 쉬운 나뭇잎 같고, 겁 없이 매혹의 깊은 물에 빠진다. 한 모금만 물을 껴안고 있어도 청춘은 파랗게 보였다. 그런데 청춘이 자꾸 희미해지고, 불안하고, 때로는 암울해서 견딜 수 없다고 했다.

얼마 전 밤늦게 제자로부터 전화 한 통을 받았다. 약간 취기가 있는 목소리로 "선생님, 오늘 위험수당 받고 막노동 끝내고 왔습니다. 문예지에서 「청춘」이란 선생님 시 잘 읽었습니다. 선생님, 선생님 시에서 청춘은 그렇게 아름다운데 제 청춘은 왜 이리 희미합니까?" 했다. 꿈도 야망도 당찼던 제자였다. 대학원도 마치고 작품도 꽤 쓰고 나름대로 자기 길을 잘 가고 있다고 생각했던 제자였다. 죽고 싶다는 생각을 자주 했다는 이야기도 했다. 며칠이나 우울했다.

대학 총장을 하면서 시달렸던 문제 중 하나가 '취업률'이었다. 얼마나 취업을 잘 시켰는지가 대학과 총장 평가지표에서 우선이었다. 수많은 학생이 취업 문제 때문에 괴로워했고, 대학도 같이 몸살을 앓았다. 취업에 실패하면 인생을 실패한다, 라고 할 만큼 이 시대의 청춘은 취업에 매달려 있다. 총장 재임 기간 내내 시대에 밀려 떠내려가는 청춘의 우울하고 가슴 아픈 모습을 매일 듣고 보고 겪으며 마음 아파야 했다.

지금은 여름의 한가운데 와 있다. 대학 캠퍼스도 녹색의 열기가 대단하다. 어른거리는 나뭇잎 사이로 걷는 젊은이들은 꽃보다 더 아름답다. 분명, 여름은 젊은이들의 계절이다. 그들도 푸른 고통이 있다. 나뭇잎처럼 그들도 마음을 내놓고 괴로웠으리라. 잎이 뿌리보다 더 괴로웠으리라. 쓰디쓴 고통도 희망처럼 푸르러야 했으므로, 시퍼렇게 멍울진 허세로 꼭 한번 청춘이어야 했으므로, 잎은 괴로웠으리라. 뿌리보다 괴로웠으리라.

대학은 젊은이들의 꿈의 공간이다. 지성과 비전과 사랑과 열정을 맘껏 발산하는 산뜻한 곳이다. 글로벌 시대에 진입하면서 지식 기반의 사회, 국제화·세계화·계량화를 뒷받침하는 경제논리에 밀리는 동안 대학이 가진 인문학의 기저는 좁아졌다. 젊은이들은 열정과 지성에 대한 열망보다 더 앞서 조여오는 현실 앞에서 젊다는 것, 이 젊음을 누려야 한다는 생각들을 이미 접은 듯 보인다.

등록금과 취업과 아르바이트. 외국어에 대한 압박. 맘 놓고 맘에 드는 책 한 권 느긋하게 읽을 수 없는 시간의 필름들은 빠르게 돌아갔다. 이런 젊은이들을 지켜보면서, 시인이면서 문창과 교수로 '그래도 목숨 내놓고 창작에 열중하라'는 말을 시를 전공하는 제자들에게 차마 할 수 없었다. 그저 안타깝고 착잡한 생각에 빠진다. 가끔 표정이 아주 어두운 학생들과 스치거나 마주칠 때가 있다. 나까지 한순간 몹시 우울해진다. 이 찬란한 여름에 무성함과 무관한 깊은 우울의 사정들은 나아질 기미가 보이지 않는다.

이런 중에도 젊은이들의 사랑은 여전히 아름답고 설렌다. 젊은이들의 감정 중 가장 아름다운 것이 사랑인 것은 틀림없다. 현실은 잠시 어두울 수 있지만 무한한 잠재력과 가능성을 가진 것은 사랑의 감정이다. 오늘도 젊은

이들은 마음의 푸른 잎을 내놓아야 하고, 잎을 내놓기 위해서 괴로워야 한다. 뿌리보다 더 괴로워야 한다. 삶의 꼭 한 부분 푸르러야 하는 절정 앞에서, 그들은 지금 생나무 하나를 잡고 숨가쁜 씨름을 하고 있다.

여름의 한가운데에 와 있다. 어려움을 겪고 있는 몇몇 학생에게 "고통을 참지 못하고 해낼 수 있는 일이란 거의 없다"라고 문자를 보냈다. 지금 젊은이들이 내 앞을 지나가고 있다. 시들 것 같지 않은 잎이다.

그것이
꽃구경이었을까?

 그해 어떤 사람을 생으로 뽑아낼 수 없어서 생으로 사랑니 하나 뽑아내고 치통을 견디다못해 꽃구경을 갔었다. 토종 흰민들레 군락지, 제천 구인사. 한꺼번에 피를 다 쏟아낸 듯한 핼쑥한 백철쭉꽃들이 어금니가 보이도록 희게 웃고 있었다. 엎드려서 흰 꽃 두 송이 꺾는 사이 피가 한입 가득 고였다. 흰 꽃 위에다 대고 시뻘건 그 사람을 뱉고 또 뱉어냈다. 비린 입술을 흰 꽃잎으로 닦았다. 해질녘까지 지혈되지 않는 그 사람을 약솜처럼 물고 하루종일 그 산을 쏘다녔다. 그것이 꽃구경이었을까?

 내려오다 산자락에 백철쭉꽃 무더기가 박하사탕처럼

화한 그곳을 지났다. 백철쭉같이 하얀 하나님이 내 안의 먹빛 앞을 어떻게 지나갔는지, 그가 잔을 들고 나 때문에 휘청거렸는지, 왈칵 눈물 쏟으며 섰는지, 꽃마다 젖어 있었다. 나를 지나가는 하얀 힘. 박하사탕 삼킨 나의 먹빛 내장에 백철쭉 몇 송이 들어가 활짝 폈다.

꽃들은 꽃 한 송이 피지 않는 공허한 내 등뼈를 구경하고 있었다. 언제부터 이곳에 꽃이 없어졌을까. 언제부터 이곳에 이처럼 딱딱하고 굵은 슬픔 한 줄 그어져 있었을까. 그동안 산맥과 구름 사이에 너무나 많은 꽃잎을 날렸다. 어떤 슬픔인지도 모르는 그걸 멈추려고 거기다 너무나 많은 못을 박았다.

산을 거의 다 내려와서 굴참나무 허리를 잡고 다시 나뭇잎 한 장만큼 피를 토했다. '슬프겠다, 아프겠다'라고 말하듯 불쑥불쑥 새들이 푸드득 날아갔다. 피 없이도 잘사는 돌멩이 옆에 맨드라미 머리만한 내 피가 지워지지 않고 있었다. 블라우스 속에 남은 피들은 고요했다. 몸 이곳과 저곳 사이에 매복한 죽음에서 발가벗은 피들이 쓸려다니는 듯했다. 아픈 곳이 분명 있을 것이다.

피를 닦은 손수건을 가방에 넣었다. 작은 어떤 감정을 배기지 못해 가방을 내려놓고 긴 시간 산 아래 있었다. 작은 가방을 메고도 무거웠다. 가방 속 피의 무게가 느껴졌다. '내일은 큰 병원에 가봐야지.' 꽃구경한 지 6개월이 지난 뒤 나는 폐암 판정을 받았다.

슬프네,
슬프네 하면서……

 꽃 꿈이었다. 수선화 한 송이가 거실로 들어왔다. 슬프네, 슬프네 하면서 나를 따라다녔다. 슬프다고 나에게 도착하는 것과 슬프다고 나를 버리는 것 사이에 나는 서 있었다. 아침, 꽃들에게 물을 주면서 트로트 가수처럼 흰 꽃에게 물었다. '새삼스럽게 네가 왜 내 꿈에서 나와?'

 꽃 꿈을 꾸는 동안 한 청년이 코로나 확진 후 다섯 시간 만에 죽었다는 뉴스가 시청 앞을 통과하고, 반포대교를 건너 남해 저구항에서 첫 배를 타고 소매물도까지 건너가는 동안 이윤설, 김희준 시인이 죽고, 최정례 시인까지 죽음을 포개는 동안 나는 우두커니 서 있는데 베란다에서 수선화 한 송이가 신나게 피고 있었다. 죽음은 꽃과 별과 죽은 자들의 변방에서 얼어붙은 채 감쪽같이 살아 있었던 거다. 한 번도 붉어보지 못한 이 흰 꽃이라도 사랑해야지, 사랑해야지 하면서 나처럼 물을 준 뒤 죽은 자들 모두는 흡흡거리며 각자 죽음의 언덕을 다시 기어오르고 있었던 거다. 공터에서 한 사람의 마음 이쪽과 저쪽을 돌아다니다가, 죽음은 익명으로 숨죽이고 있는 나를 찾아내고 있었다. 등짝에 툭툭 별을 떨어뜨리고 있었다. 꽃 꿈은 설레는 것이 아니라 공포였다.

코로나 위기를 겪는 시간 속에서 우리는 좋은 시를 쓰는 젊은 두 시인을 잃었다. 김희준 시인(1994~2020)과 이윤설 시인(1969~2020)이다. 이윤설 시인은 2006년 신춘문예 3관왕(조선일보, 세계일보, 동아일보)으로 등단하여 시뿐 아니라 희곡, 영화, 드라마 등 여러 장르를 넘나들며 좋은 작품을 여럿 남겼다. 드라마도 방송사와 계약한 상태에서 암이 온몸에 전이되어 짧은 생을 마쳤다. 임종 전까지 극심한 통증 속에서도 펜을 놓지 않고 열정적으로 쓰고 있어서 보는 이들을 안타깝게 했다고 한다.

2017년 『시인동네』로 등단한 김희준 시인은 경상대학교 대학원 재학중에 교통사고로 숨졌다. 김희준 시인은 비록 활동 기간이 짧았으나 시적 재능과 언어 감각이 빛나는 시인이었다. 통영여고 재학중 총 64회(대상, 장원)나 공식 수상 기록을 남겼고, 등단 후에도 좋은 작품을 수없이 발표하여 독자들을 매혹시켰다. 시인이 젊어서 죽으면 젊음이나 순결함을 그대로 동결한 것 같은 맑음이 언제나 수선화 같은 향을 풍겨 그들이 쓴 작품들은 후세의 독자까지도 매혹시킨다고 일본 시인 이바라기 노리코가 말했다.

요절한 윤동주의 시비를 보기 위해 나는 우지를 여행한 적이 있다. 우지는 교토에서 가까운 거리인데 늘어선 산자락에 우지강이 길게 흐르는 아름다운 곳이다. 그 긴 강의 몇 개 다리 중 하나인 아마가세 구름다리에 서서 윤동주 시인을 생각했다. 서울에서 연희전문학교를 졸업한 윤동주 시인은 1942년 3월, 도쿄의 릿쿄立教대 문학부에 들어가 다섯 달을 다닌 후 같은 해 가을, 교토의 도시샤同志社대학으로 편입을 한다. 재학 시절 교우들과 우지로 소풍을 갔고, 우지강의 이 아마가세 다리에서 마지막 사진을 남겼다.

천재성이 있다는 시인들은 왜 일찍 생을 마감할까? 문학판에서 시인들의 요절은 종종 신화적인 의미를 부여받는다. 그래서 요절한 시인의 면모가 부각된 글이나 책은 시인들의 천재성을 더 절실하게 드러낸다. 아까운 시인들이 젊은 나이에 죽음으로 사라진 일은 한국 문단에서 그 수가 적지 않다. 김소월, 이상, 윤동주, 박용철, 이장희, 임홍재, 박인환, 신동엽, 김수영, 고정희, 박정만, 기형도, 이연주, 진이정, 허수경, 금은돌…… 그리고 이윤설, 김희준 시인. 이 밖에도 찾으면 더 많이 있을 것이다.

이 시인들에게 일찍 찾아온 죽음엔 공통점이 있다. 그들의 작품이 사후에 더 많이 읽힌다는 것이다. 죽기 전에 가지고 있는 에너지를 문학에 다 쏟아부었다는 증거이기도 하다. 또하나의 공통점은 죽음을 예견이라도 한 듯 이들이 죽기 바로 직전 시를 봇물처럼 토해냈다는 사실이다. 이외에도 이들 시인의 죽음 직전의 여러 이야기가 남아 전해지고 있다.

푸른 고통

친구는 가평에서 열무 재배를 하고 있었다. "한번 와봐. 구경할 만해. 넌 시인이니까 아마 보면 무척 좋아할 거야." 가평에 몇만 평 넓은 밭을 가지고 있다는 소식은 들었지만 가볼 틈이 없다가, 퇴직하고 어느 날 직접 차를 몰고 열무를 보러 갔다. 산등성이만한 비스듬하게 경사진 밭에 시퍼런 열무 잎이 바람 부는 대로 출렁거렸다. 멀리서 봐도 파도이고 물결이었다. 무척 좋았다. "1년에 다섯 번쯤 씨를 뿌려. 겨울에는 60일, 봄에는 40일, 여름에는 25일을 열무와 같이 사는 거지 뭐." 열무는 옮겨심기가 안 돼 직접 밭에다 씨를 뿌리면, 밭에서 싹이 나서 밭에서 자라고 밭에서 뽑힌 뒤 밭에서 생을 끝낸다고 했다.

"물 주기, 풀매기, 솎아주기. 열무 말고 아무 잡생각할 틈이 없어." 해맑은 얼굴을 하고 머리에 흰 수건을 쓴 친구는 정말 아무 근심 없는 여자의 표정을 하고 있었다.

그뒤 2년이 지나 친구 남편에게서 전화를 받았다. 급성으로 진행된 말기 암을 견디던 친구를 며칠 전 열무밭에 묻고 왔다고 했다. 친구의 남편은 매일 열무를 희망으로 안고 잤더니 이튿날 아침이 불행하더라며, 아무리 열무 농사가 잘돼도 여기선 이제 휘파람이 나오지 않을 것 같다고 했다. 푸른빛이 희망이라면 희망엔 좀더 울음이 필요한데, 나도 열무처럼 푸르면 그냥 희망이라 믿었다. "푸른빛의 열무야 거짓말아 푸른 건 푸르게 쏟아지는 재앙일지 몰라 가끔 우는 것 가끔 죽는 것 가끔 아픈 것 가끔 무섭고 서러운 것도 기막히게 푸르다." 그때 쓴 시의 한 구절이다.

수만 평의 열무밭, 절망 한 모금 없이도 여기서는 푸르게 익사할 수 있다. 푸르게, 불행은 날개를 단다. 친구는 기형도처럼 숨어서 문구멍으로 열무와 절망을 내다보았을까? 열무와 열무 사이, 여기도 여전히 푸른 이후의 삶이 있다. 저 중에 덜 푸른 병에 걸려 죽은 열무도 있다. 함께, 같이, 모두 열무 같은 희망이라던 저 중에 혼자 간 친구도 있다.

혹시 사랑이라 해도
사랑을 발굴하지 않았다

 그해 겨울, 나는 선물을 기다리듯 한 줄의 글이 담긴 작은 엽서를 기다렸다. 네팔 해발 3,000미터 산봉 로지에서도 엽서를 썼고, 러시아 백야의 도심에서도, 파타고니아 얼음 절벽 위에서도, 로키산맥 파이크스산 정상에서도 엽서에다 똑같은 글을 썼다. 쓰고도 부치지 못하고 구겨버린 엽서지만, 쓰고 지운 글들이 흙처럼 쌓여도 어쩔 수 없는 일이다. 우리는 서로 포클레인으로 아무것도 파내지 않았다. 혹시 사랑이라 해도 사랑을 발굴하지 않았다. 다 파내고 파헤쳐진 흉터 같은 폐허가 무서웠기 때문이다. 책상에 엎드려 잠든 밤, 이럴 때 푸른 잉크는 노골적이다. 누군가가 총을 겨눠도 어떤 감정은 죽지 않고 푸르다. 아슬아슬하게 위험한 국경을 몇 번 넘고, 낯선 병이 찾아오고, 아파서 엽서를 구기고, 슬픈 시집 몇 권을 출간하고 나니 또 겨울이 왔다. 나무들은 초겨울에 실신하면 새봄이 되어서야 깨어났다. 혼절해도 깨어나도 우리는 여전히 만년필을 사랑했고 선물을 받지 못했다. 서로 다른 창밖으로 봄눈이 내리는 걸 바라보고, 몇십 번씩 꽃이 떨어져도 우리는 뒤돌아 바라보지 않고 돌아서서 열심히 자기 일만 했다. 어느새 머리카락이 희게 변하고 있었다. 우리에게 보석처럼, 때로는 눈물처럼 순하고 깨끗한 것이 묻혀 있었지만 때때로 나쁜 남자 때문에, 때때로 착한 여자 때문에 그것은 발굴되지 않았다.

시의
발소리

 누구나 외로움을 무서워한다. 블랑쇼는 이 부분을 잘 파악해야 한다고 했다. 그의 말에 의하면 고독이란 무엇에 대한 몰입으로 나타나며, 시인의 경우는 시에 몰입하는 것으로 나타날 것이라고 했다.

 블랑쇼의 말처럼, 시인은 세상에서 잠적하는 동안 시의 매혹 속에서 다른 사람들과는 차이가 있는 시간을 보낸다고 말할 수 있다. 또 한편으로 고립은 세상 속에서 자신의 존재가 망각되는 부재의 시간을 경험하는 것이기도 하다. 시를 쓴다는 것은 이러한 부재의 매혹에 자신을 맡기는 것이며, 나에게는 이것이 어려운 일이었다.

나는 사랑이거나 연필이거나 굵은 소금이거나 열차 소리에 깜짝 놀라 잘못이 깨어나는 기도였다. 그러나 시의 발소리가 들리면 돼지들 틈에 누워 있다가도 곧바로 일어나 밖으로 뛰쳐나가는 시인이었다.

어쩌나, 발소리가 점점 말라간다. 격렬하게 나를 잃어버리는 중이다. 러시아의 눈 오는 자작나무 숲에 두고 온 시 한 편, 코파카바나 해변에 시 몇 편 두고 올 때 내가 나였던 몇 번의 느낌, 이제 오래된 지갑을 잃어버린 허전함보다 더 가볍게 나를 잃는다. 이 땅엔 낮에도 밤이 오고 있다는 우울한 뉴스가 무서운 이야기처럼 들렸다. 캄캄한 반포대교를 건너 향도 없는 향나무 한 그루 멋쩍게 서 있는 창백한 골목에 차를 세웠다. 발소리가 들리지 않았다. 지금은 소리나지 않는 죽은 신발을 신고 소리없이 걸어야 한다. 불행도 죽음도 그리움도 그렇게 맨발로 걸어서 어디로 가야 한다.

2부

시는 비밀을
어떻게 품고 있는가?

유년

 내가 지나는 지금 이 시간은 해가 지고 있는 저녁이다. 저녁은 붉다. 이 붉은 저녁을 나는 많은 기억을 품은 채 말없이 걸어가고 있다. 기억은 어떤 식으로든 나에게 영향을 미쳤다. 탄성을 가진 기억은 내 안에서 무한히 다른 부분들과 작용하고, 잠재적 움직임을 주도하기도 한다. 매복하고 기다리고 침묵시키고 시를 쓰게 하는 가장 오래된 동굴벽화 같다. 유년의 기억엔 나의 문학이 있다.

생가

안국동 골목을 쭉 타고 올라가면 삼청공원 못미처에 지금도 나의 생가가 그대로 있다. 어린 시절 나의 놀이터는 언제나 삼청공원이었는데 지금의 삼청공원과는 아주 달랐다. 보도블록이나 시멘트가 깔린 길이 아니라 나무와 풀꽃이 뒤덮인 동산의 흙길로 된 그곳은 풀을 밟는 대로 그냥 길이 되었다. 나는 풀과 꽃을 꺾어 인형을 만들고 큰 나무들이 무서울 정도로 울창한 숲길에서 숨바꼭질하며 놀았다.

서너 살 때부터는 화신백화점 뒷골목에 있는 중앙감리교회를 열심히 다녔다. 성탄절에는 아기 예수를 안은 마리아 역을 맡아 연극도 했다. 지금의 장로가 되기까지 계속돼온 교회생활 믿음 영성은 그때부터 시작이었다.

어머니는 대농가 한씨 집안의 고명딸로 음식 솜씨, 바느질 솜씨가 좋기로 소문이 났으며, 성격은 차분하고 친절했다. 160센티미터 이상의 큰 키에 갸름한 얼굴로 지금

사진을 봐도 미인(나와는 닮지 않았음)이었다. 어머니는 남빛 스란치마를 끌고 넓은 대청마루를 왔다갔다하면서 하루를 보냈다. 솟을대문을 열면 중문, 중문을 열면 안채로 들어가는 안채 문이 있었고, 뒤꼍 우편에 우물과 쪽문이 있었다. 방이 열 개쯤 있는 집이었는데 침모(바느질만 맡아 하는)와 행랑채에 살면서 일을 도와주던 아저씨와 아주머니, 부엌일을 돕는 수옥, 심부름 하던 쪼가가 각각 방을 차지하고도 남았던 것을 기억한다.

아버지는 5대 독자였는데 조실부모하고 큰아버지 양자로 갔으므로 왕고모 한 분 외에 별 친척이 없었다. 아버지는 사랑방에서 친구들과 골패짝을 던지거나 붓글씨를 쓰며 소일했다. 그리고 자주 나를 불러 먹 가는 일을 시켰다. 어린 나이에도 오래 먹을 갈아 팔이 아팠던 기억이 생생하다. 아버지는 자수성가하여 재산을 많이 모았으나 돈을 잘 쓰지 않았던(구두쇠였나?) 것으로 기억한다. 연희의전을 나온 최상훈, 최상섭이란 의사와 친분이 두터웠고, 의사 자격증 없이 그들과 의료 사업을 벌이면서 큰 문제 없이 재산을 불렸다. 지금 생각으론, 당시에 친일을 하지 않고 어떻게 부유한 생활을 누릴 수 있었을까? 싶다.

산책

어머니는 몸이 허약했다. 어느 날 어머니는 사대문 밖으로 요양을 떠났는데 나하고 일 돕는 언니만 데리고 갔다. 가끔 각혈을 하던 걸로 봐서 폐결핵 요양이 아니었을까? 나와 어머니가 1년 동안 머문 곳은 원효로4가였고 한강둑에서 멀지 않았다. 가끔 마포에 새우젓 독을 잔뜩 싣고 들어오는 배도 보였다. 나는 빨래하러 가는 수옥 언니를 따라 한강에 자주 나갔다. 뗏목 위를 뛰어다니기도 하고 얕은 물가에서 손수건도 빨고 고무신을 벗어 송사리도 잡았다. 강둑에는 이름 모를 꽃과 풀이 그 당시 내 귀 정도까지 올 만큼 컸다. 매일 저녁을 먹고 나면 어머니와 손잡고 바람을 쐬며 한강둑을 거닐었다. 지금 저녁 산책을 즐기는 버릇이 그때 시작된 것 같다. 도심에서 출생했지만 산과 강, 자연을 충분히 옆에 두고 살았다고 볼 수 있다. 포플린 원피스나 인조견 블라우스와 줄무늬의 짧은 치마를 즐겨 입었다. 외출할 때는 어머니가 꼭 세라복을 입히고 검정 구두를 신겼다. 흙 묻혀오지 말라고 당부까지 하면서.

무엇을 그렇게 쓰고 싶었을까?

나는 꼬마 낙서광이었다. 서너 살 적부터 특별한 낙서 습관이 있었다는 얘기를 가족은 물론 친지, 친척들로부터 끊임없이 들어왔다. 일찍 한글을 깨우쳤던 바람에 그 버릇이 더 심해졌다고 한다. 벽이란 벽은 모두 낙서로 망쳐놓는 통에 부모님도 골치를 앓았다. 어느 날은 어머니가 잠든 틈을 타서 어머니 저고리와 옷고름, 버선, 속치마에까지 잔뜩 글을 썼다가 팔을 들고 벌을 선 적도 있다.

그뿐이 아니다. 다듬이질해놓은 새하얀 홑이불에도, 바느질하려고 내놓은 비단 옷감에도, 아버지가 써놓으신 붓글씨 여백에도 어느 것 하나 예외가 없었다. 손님이 오셔서 잠깐 벗어둔 옷에도 낙서를 했다. 부모님은 말리다 못해 포기하고 나중엔 그냥 내버려두었다고 했다. 어머니와 같이 다른 집에 나들이를 갈 때는 그 집에 전화를 걸어 벽에다 신문지를 붙이고 필기도구를 눈에 띄지 않게 치워두라고 할 정도였다.

그런데 낙서의 내용이 성인이 쓴 글처럼 나이에 걸맞지 않았다고 한다. 아버지가 사람들에게 은근히 그것을 자랑삼아 얘기하던 모습이 기억에 남는다. 나는 무엇을 그렇게 쓰고 싶었을까? 어머니가 나중에 들려준 이야기에 따르면, 소설 내용이나 성경 구절이 많았고, 그중 흥미로웠던 것은 가족뿐 아니라 이웃이나 손님의 행동, 말투, 비밀, 잘못된 점, 비리 등을 규탄하는 내용이었는데 대자보 수준이었다고 한다. 가끔 자연을 묘사하는 내용도 섞이긴 했지만…… 낙서광으로 끝나는 게 아니라 나는 글로 무언가를 성토하려던 사람이었나보다.

밤의
경험

여덟 살 거지 소녀

4월에 하얀 손수건을 가슴에 달고 초등학교에 입학한 나는 새 가방이 좋아서 가슴이 설렜다. 그로부터 2개월 후, 6·25전쟁이 일어났다. 새벽에 총소리가 수없이 울렸고, 아버지가 마루 밑 지하실로 우리를 데리고 갔다. 전쟁이 났다고 했다.

이리저리 피란을 하다가 평택쯤 머물렀을 때, 아버지는 아무래도 위험해서 안 되겠다며 오빠와 나를 먼저 전에 침모로 있던 충길이 어머니가 사는 전주로 내려보내기로 했다. 당시 15세가 된 6대 독자 오빠가 군대에 끌려갈

까봐 염려되었기 때문이다. 나중에 전주에서 부모님과도 합류하자고 했다. 주소 적은 종이와 돈을 허리에 찬 오빠와 손을 잡고 전주를 향해 내려가던 길이었다. 금강 근처에서 군 트럭이 수없이 달려오더니 그중 한 트럭이 오빠를 강제로 싣고 갔다. 나는 갑자기 돈 한 푼 없는 미아가 되었다. 울며불며 오빠를 기다렸지만 소용이 없었다. 날이 저물어 나는 강 근처 마을로 들어갔다.

책 읽어주던 거지 소녀

어느 날 갑자기 나는 여덟 살짜리 거지가 되었다. 그곳은 충북 청원군 현도면 양지리라는 곳이었다. 뒤에는 숲이 우거진 보기 좋은 산, 앞으로는 금강이 흐르는 마을이었다. 밥을 얻어먹으며 거지 같은 생활을 하는 동안 나는 어느덧 동네에서 화제의 대상이자 명물이 되어 있었다. 이미 한글은 해득했으므로, 온 동네를 다니며 할아버지와 할머니들에게 '책 읽어주는 아이' '군대 간 아들에게 보내는 편지 써주는 아이'가 되었다. 밥도 얻어먹고 잔

돈푼이나 고구마도 받고 사랑도 받았다. 끼니는 그렇게 해결되었고 잠은 남의 집 사랑방이나 헛간, 마루에서 잤다. 춥고 배고팠다. 마을 인심이 좋았던 덕에 버틸 수 있었던 것 같다. 들에 나가 새를 쫓으라 하면 새를 쫓고, 집 지키라 하면 무서워도 잘 지켰다. 가진 것은 없었지만 마을 사람들은 따뜻했다.

어머니는 어렵게 오빠를 만나 소식을 듣고 미친 여자처럼 딸을 찾아 헤맸다고 했다. 금강 근처에서 나를 잃었다는 말만 듣고 금강 근처를 다 뒤진 끝에 9개월 만에 나를 찾아냈다. 참으로 기적 같은 일이었다. 그때 발견되지 않았다면 나는 어떻게 되었을까?

이상한 일이었다. 어머니는 나를 찾아내고도 서울 집으로 곧장 데려가지 않았다. 오히려 그 동네에 좋은 집을 한 채 사서 침대도 놓고 커튼도 치고 많은 책을 사주었다. 친구들을 데려다 간식을 주면서 집을 구경시키면 친구들은 부러워하며 책을 빌려가곤 했다. 나를 월반까지 시켜 그곳 초등학교에 보냈다. 거지 소녀였던 나는 어느 날 파마머리에 꽃무늬 포플린 원피스를 입고 구두를 신은 채 학교에 나타났다. 그것은 어머니의 애정 어린 의도였다. 우리 딸은 거지가 아니고 서울서 괜찮은 집 딸임을 알려 동네 사람들 앞에서 거지의 이미지를 씻어주고자 한 것이다. 이대로 그곳을 떠난다면 성장해서 그들을 다시 만나게 될 때 '저 아이는 거지였어'라고 끝까지 거지 취급을 받게 되므로, 절대로 그 일만은 안 되겠다는 것이 어머니의 소신이었다.

어머니와 의자

어머니 때문에 불편한 적도 많았다. 전쟁 때라서 책상과 걸상이 헐어도 학교에서 잘 고쳐주지 못했다. 어머니는 내가 삐걱거리고 헐어빠진 의자 때문에 자세가 나빠져서 안 되겠다며 목수에게 의자를 맞췄다. 학교에서 나만 커다란 생나무 의자에 앉았다. 나보다 밝고 나보다 크고 단단한 의자. 몸이 푹푹 빠지던 의자에 앉아서 공부할 때 나는 매우 불편했다. 자리를 바꾸게 되면 아이들이 내 의자를 바뀐 자리에 가져다놓았다. 나만 다르다는 다발성의 고독을 느꼈지만 날마다 나오는 이상한 자세를 고치며 반듯한 자세를 가질 때까지 나와 의자는 어머니가 가고 싶었던 방향으로 놓여 있었다.

그때부터 반듯한 책상 앞에 앉다보니 친한 친구들과 멀어지기도 했고, 다른 아이들이 나 때문에 어두웠을 거라는 생각도 들었다. 사람이 자기 의자로부터 깨어나는 데 드는 시간은 얼마일까? 다리뼈가 부러지는 생각을 견디는 의자들, 숨이 멎어도 산 척하는 의자들. 뒤따라오는 모르는 자들의 의자들과 섞이는 데, 한줌 죽음을 견디는 풀잎처럼 작은 힘으로 오래 걸렸다. 그때의 의자, 나무들의 눈물로 만들었으면서도 정작 나는 울지도 못하게 하던. 그리고 파고 파고 또 파도 내놓지 않던 어머니의 숨은 흙. 나는 살아가면서 그 의자에서 자꾸 흙으로 흘러내리고 있다는 느낌이었다.

금강 그리고 문학

어머니는 딸의 자존심을 지켜주기 위해 대전으로 이사했다. 그리고 내가 특차로 중학교에 입학하여 중3이 될 때까지 그 집을 팔지 않고 왔다갔다했다. 그렇게 최문자는 거지가 아니고 괜찮은 집 딸이었음을 긴 시간 동네 사람들에게 확실하게 알렸다. 놀라운 사랑이었다. 대전으로 이주해서도 3년 후에 집을 팔았으므로, 유년기를 이곳에서 꽉 차게 보냈다고 볼 수 있다. 사람들은 후덕했고 정겨웠으며 악습관이 거의 없었다. 풍수적으로 봐도 볕 잘 들고 산세도 우람했으며 숲이 울창했다.

마을은 오씨 집성촌이라 선생님이 출석을 부를 때 나만 타성이었다. 마을 중간에는 큰 연자맷돌 두 개가 있었는데, 주변이 공터여서 그곳이 아이들의 놀이터였다. 여기를 중심으로 윗말, 아랫말로 동리를 나누어서 불렀다. 숨바꼭질이 시작되면 짚단 속이나 수수깡 묶은 단 뒤, 바위 뒤에 숨었다. 아이들은 주로 강에 나가 놀았다. 나만 빼고 모두 수영을 잘했다.

내가 살던 집에서 내려가면 시냇물이 있었다. 아침에 일어나면 그 시냇물에서 세수를 했다. 세수하고 올 때는 반드시 샘에 들러 양동이 가득 물을 담아 와야 한다고 아버지가 시켰다. 아침 운동이었다.

이곳은 늘 내게 고향으로 남아 있다. 시골이라서 5킬로미터 정도 떨어진 곳에 교회가 있었는데 주일은 물론 새벽 4시에 일어나 한 시간을 걸어서 새벽기도까지 다녔다. 이 마을에서 보낸 시간은 길지 않았지만, 이곳은 도시적 삶을 살면서도 나의 시가 시골스러운 정서와 자연에 대한 서정을 갖게 한 중요한 모티프였다. 고향은 아니었지만 고향 이상의 문학적 토양이 되는 곳이다.

협성대 문창과 교수 시절, 청원군수가 내 시비(「닿고 싶은 곳」)를 세워주었다. 현재 청남대 맞은편, 현도면 구룡산 장승마을에 있다. 금강과 내가 살던 마을이 아련히 내려다보이는 높은 언덕 위의 좋은 위치이다. 현도면 사람들을 위해 쓴 「나무들이 웃고 있다」라는 시도 장승마을 정자 벽 나무 현판에 새겨져 있다. 가볼 때마다 너무 고마운 마음이 든다.

대전

무시험 특차 전형으로 나는 대전사범병설중학교에 입학했다. 부모님은 서울 생활을 정리하고 대전으로 옮겨왔다. 우리집 바로 건너편에 교회가 있었고, 그곳에 김지길 목사님이 계실 때 입교하여 중고등부 활동을 열심히 했다. 전국 규모 각종 백일장을 휩쓸며 늘 상을 타던 아이였던 나는 중3 때 문예부에서 교지 출간을 맡아 일하면서 『학원』잡지에 시를 발표하였다.

고등학교 1학년 때에는 문예 활동을 적극적으로 하면서 시화전도 열었다. 그때 같이 문예반 활동을 했던 선배로는 소설가 이규희, 조선작과 시인 이명희, 곽우희, 최창렬, 김순일, 변재열, 김원태, 정광수, 이정숙, 조인자, 김소엽, 김광옥 등이 있다. 지금도 문단에서 활동하는 이들이다. 한성기 선생님, 김승옥 선생님, 송백현 선생님의 지도 하에 '숲 동인' 활동도 했고 사화집도 냈다.

서울서 태어났지만 성인이 되어서도 충청도가 고향보다 늘 정겨웠다. 유년의 나에게 쿡쿡 박힌 씨 같은 게 있었다.

시인들의
보는 법

 몽골 여행에서 초록 들판에 서 있는 새하얀 양들을 보았다. 초록 풀 위에 서 있는 양 한 마리는 멀리서 보면 그림처럼 평화롭다. 잔뜩 하얗다. 풀 위에서 양들은 갑자기 말이 없어진다. 고개를 숙이고 풀을 뜯는다. 밥을 먹는 양 한 마리의 입은 둥글고 부드러워 보인다. 목화솜처럼 하얗게 생긴 양은 어느 사이, 다른 양이 있는 저리로 가서 은밀하게 남의 발밑에 깔린 긴 풀을 베어먹는다. 내가 밟은 풀도 네가 밟은 풀도 다 내 밥이 된다고 생각하는 것 같다.

 양들은 하루종일 자기 밥을 질겅질겅 씹어야 밥을 넘

길 수 있다. 하얀 것들도 밥 앞에서는 온 힘으로 까맣다. 입을 달고 태어난 자들의 슬픔이 다 그렇듯이. 저 불량한 식사를 위해 양들은 노래할 입이 없다. 하양은 풀에겐 공포스러운 얼음 같은 입이다. 너무 하얀 것들을 나는 믿지 않는다.

몽골의 풀밭에서 양 치는 목동의 눈은 수 킬로미터 밖 산밑에서 풀을 뜯고 있는 양의 마릿수까지 정확히 알아맞힌다고 한다. 시력이 뛰어나서라기보다는 평소 양떼에 대한 관심과 사랑 때문이라고 생각한다. 같은 시력을 가지고 같은 지점에 서 있어도 보이는 것이 다른 것은, 그동안 사랑해왔던 시간과 더 깊은 관련성을 갖는다. 우리는 늘 보고 싶은 것, 눈에 확 띄는 것, 보기에 좋은 것, 필요한 것만 보려고 한다. 잘 보이지 않는 것, 차마 볼 수 없는 것, 보고 싶지 않은 것, 보면 해가 될 것은 최대한으로 피하고 싶어한다.

대중교통을 이용할 때나 거리를 걸을 때, 우리를 스쳐

가는 사람은 수없이 많다. 그러나 그렇게 만나고 헤어진 수많은 사람 중에서 우리의 기억에 남는 사람은 몇 명이나 될까? 관심 없이 보면 보면서도 보이지 않는다. 그러나 눈앞에 대상이 없어도 눈만 감으면 볼 수 있는 사람이 있다. 보려는 마음이 가슴에 꽉 차 있기 때문이다. 그들은 남이 보지 않는 것, 잘 보이지 않는 것에 대해 더 깊은 관심을 가지고 집착한다. 시인들의 보는 법이다.

○
말, 소리, 빛깔

『현대문학』으로 등단한 뒤 나는 5년 동안 시집도 못 내고 육아와 논문과 강의에 시달리며 나 없는 시간을 보냈다. 그러다 위장병과 지독한 이명에 시달렸다. 제재소에서 톱날로 나무를 켤 때 나는 금속성의 소리가 귀 안에서 불규칙하게 강약으로 들려와서, 그 고통은 참으로 견딜 수 없었다. 세브란스병원 이비인후과에서 귀에다 물을 잔뜩 집어넣고 스펙트럼처럼 지나가는 물체들을 기억해내는 이상한 검사도 받았다.

귀 안에서 들리는 이 소리는 분명 내가 하고 싶은 말들이 말의 형태를 벗어나 소리로 변신하여 나타난 것이라고 터무니없는 생각까지 하게 되었다. 이형기 선생님의 소개로 나는 이 소리들을 시로 써 첫 시집 『귀 안에 슬픈 말 있네』(문학세계사, 1989)를 출간했다.

두번째 시집은 그후 4년이 지나서 현대문학에서 출간된 『나는 시선 밖의 일부이다』(1993)이다. 나의 시들이 독자와 평자들 시선 밖에서 아무런 빛깔로도 칠해지지 못하고 4년이나 해를 묵히면서 시선을 기다리고 있다는 자괴감을 시로 썼다. "나는 당신들의 검은 눈에 뜨일 검은 사물 따위가 아니다"라고 첫 행은 시작된다. 시선 밖에 있겠다는 결의의 시들이었다. 몇몇 평자가 내 시 세계의 빛깔을 감지해주면서 용기도 주었다.

다시 6년이 지나서 나는 세번째 시집 『울음소리 작아지다』(세계사, 1999)를 출간하였다. 평정을 잃은 것들은 소리를 내지만 그 소리는 울음소리였다고 썼다. 이 시집을 통하여 여기저기서 조명을 받기 시작했다.

2003년 11월, 네번째 시집 『나무고아원』을 다시 세계사에서 출간하였다. 『나무고아원』은 나무들, 풀 그리고 나, 이러한 자연과의 생태적 관계를 나타낸 노래이기만 한 것이 아니다. 거대한 지구에 사는 한 시인이 많은 존재 속에 존재하면서도 고아로 느낄 수밖에 없는, 생채기투성이의 마음들을 노래했다.

 말, 소리, 빛깔은 내 시가 차례로 들어박힌 형태다. 『나무고아원』은 영원히 평정될 수 없는 마음에다 울타리를 치고 싶은 나의 마음이며 그 울타리는 말, 소리, 빛깔로 제 마음대로 바뀌면서 제각기 아픈 것들을 노래한다. 거대한 우주 속에서 들릴락 말락 한 목소리지만, 『현대시』에 게재되었던 「닿고 싶은 곳」이란 시가 고등학교 교과서에 실리면서 어떤 확실한 세계가 되기 시작했다.

 이후로 네 권의 시집을 더 내고 여전히 시를 쓰고 있다. 내 시를 믿는 버릇이 있다지만 가끔 알 수 없는 조급함에 사로잡히기도 한다. 나이 탓일까. 여행하다보면 삼

사백 년 또는 천년 동안 지은 아름답고 예술성 높은 건물들을 본다. 대단한 건축예술이다. 죽은 다음 더 높이 평가받는 작품들도 수두룩하다. 짧은 시간에 뛰어나게 이룰 수 있는 예술이 과연 있을까?

○
시와
비밀

　파스칼 키냐르는 그의 저서 『은밀한 생』(송의경 옮김, 문학과지성사, 2001)에서 영혼을 가진다는 것은 비밀을 가진다는 의미라고 했다. 그러나 그는 뒤이어 영혼을 가지고 있는 사람은 거의 없다는 단호한 결론에 이른다. 그만큼 한 편의 시가 아름다운 영혼을 가진다는 것은 정말 귀하고 어려운 일임을 느낀다.

　시의 비밀은 언어-사회에서 벗어나는 강력한 운동이자 힘이다. 시인이 시 속에서 거침없이 큰 목소리를 낼 때 비밀은 피로와 패배감, 무기력, 이질적인 왜소함을 알아보지 못하게 얼른 지워버린다. 이러한 과잉 생략의 시는 절대적으로 단순하지 않게 시 속에 비밀을 담는다. 한 편의 시를 여러 번 깊이 읽었음에도 여전히 단일한 의미, 단일한 해석이 내려진다면 그 시는 비밀을 갖지 못한 것이다. 시에서 비밀 없음은 희망 없음이므로, 그런 시를 쓴 시인은 깜짝 놀라야 할 것이다.

시가 대상이나 존재의 비밀을 움켜쥐는 것은 어쩌면 불가능할지 모른다. 현실에는 부재하는 비밀이 있을 뿐이기 때문이다. 그러면 이 부재하는 비밀은 어떻게 현존하는 것일까? 나는 이에 대해 꾸준한 의심과 질문과 반성을 한다. 비밀의 문을 열고, 다시 닫고, 다시 열어보면서 반복해서 비밀을 찾는다. 비밀은 내 시의 가장 소중한 질료이기 때문이다.

시인은 멸망하는 척해도 멸망이 아니다. 시인은 불행한 이웃을 그리워해도 불행한 이웃이 되지 않으며, 회피하고자 해도 피할 수 없다. 시의 비밀은 매몰되어서도 세계와 불화하면서 흘러나온다. 이것은 고통과 쾌락을 만들어내는 위험한 시적 체위이기도 하다.

학생들에게 언제나
없는 세계를 가르쳤다

'시는 비밀을 어떻게 품고 있는가?' 이 같은 질문에 대답하기란 결코 쉽지 않다. 풀어놓을 말이 궁색하다. 오래전에 「위증」이란 시를 발표한 적이 있다.

시론 강의가 있는 날은 학교에 가기가 싫다./비명처럼 튕겨나간 언어의 허물/그 시커먼 갱도 입구를 가리키며/저 속에 있는 후설, 야콥슨, 라캉, 데리다의 입술을 바라보라고/나는 역설한다./저 속에서 봉인된 사물을 열면 열리고/행간이 행복해서/심장이 터져버릴 것 같은 밤이 있다고 나는 역설한다./학생들에게 언제나 없는 세계를 가르친다./농부처럼 쉬는 시간 없이 세 시간을 속강해도/아무것도 흐르는 것 없이 그대로 있다./시와 시론이 섞이지 않고 굴러다닌다./나는 손수건을 꺼내 땀을 닦는다./위증죄에 걸린다.

—「위증」 전문(1999)

젊은 시절, '시론'을 정립한 학자들의 이론을 소개하면서 학생들에게 저 속에 시의 비밀이 있다고 가르쳤다. 위증한 듯해서 강의 끝나고 땀을 흘리며 곤혹스러워하던 순간을 기억한다. 시의 비밀은 현존하는 듯해도 존재하지 않고, 정지하는 것 같으면서도 운동한다는 걸 그때 이야기해주지 못했다. 시의 비밀은 나를 떠나 존재하는 것이 아니라 내 속에 살아 있고, 모든 사물들은 비밀의 주인공이 된다는 것을 학생들은 그때 이해했을까? 시가 갖는 비밀을 그냥 사과라고, 옥수수라고 부르며 가르친 듯하여 학생들에게 미안했다. 분명한 위증이다.

"글을 쓴다는 것은, 언젠가 우리가 우리 자신에게 질문을 던져서 그에 대해 답할 수 있을 때까지 끊임없이 우리를 괴롭히는 질문에 대답하려고 애쓰는 것"이라고 옥타비오 파스는 말했다. 작가가 수없이 많은 문제를 지니고 살아가는 한, 어떤 형태로든 글쓰기는 계속될 것이다. 내가 그 막막한 과정을 겪는 동안 다른 작가들의 작품은 문제 해명에 얼마나 풍부한 전거와 실마리를 던져주었는가? 또 우리는 다른 시의 비밀에 대해 이야기하면서 실은 자기 자신에 대해 이야기하고 있는 때가 얼마나 많은가? 그러고 보니 "너무 많은 시들에 빚지고 살아왔다"(『보랏빛은 어디에서 오는가』, 창비, 2003, 5쪽)라는 나희덕 시인이 쓴 글의 한 부분이 기억난다. 시쓰기와 시에 비밀을 갖게 되는 것은 어디서부터 시작되는 걸까? 이런 질문은 익숙하지만 부질없다. 잠시 시 써오던 길을 뒤돌아본다. 그냥 현기증과 울렁거림뿐이다.

사과

 시집 『사과 사이사이 새』(민음사, 2012)를 출간했다. 이 시집을 내고 최시인에게 사과는 무엇인가?라는 공통된 질문을 여러 번 받았다. 간단히 설명될 질문이 아니었으므로 나는 그냥 우물거리며 답을 넘겨버렸다. 나는 사과를 해석해주거나 설명해주기보다는 특별한 사과의 비밀을 품고 싶었는지도 모른다.

 세계는 사과 이야기로 시작된다. 사과는 그 상징으로 현성하였다. 사과 따먹기는 인간들의 오래된 진정한 모험이다. 세계에는 지금도 탐나는 먹음직한 사과들이 여기저기서 마구마구 태어난다. 사방에 포진된 사과 속에서

설사 뱀의 속삭임이 없었다 해도 우리는 얼마든지 사과를 따고 또 따냈을 것이다. 나는 사과가 소유의 탯줄이나 욕망의 플러그 같은 것보다는 더 비밀스럽기를 원했다. 완결될 수 없으므로 피 흘리는 비밀이라고 할까?

'사과'. 이것은 나의 경유지나 종착지가 아닌 출발지에서 열렸으며, 나로부터 증발하거나 몰락하지도 않는 열매이고, 내 세계의 모든 공간이 거기에 걸쳐져 있다. 그래서 사과 사이사이 또는 옥수수알 사이사이의 비밀은 외부가 아니라 나의 내부 어디쯤에 있다. 긴 기다림 속에 비밀이 산다. 시 속의 남루한 비밀들을 마구 폭로하면서 비밀을 가졌다고, 영혼을 가졌다고 말할 수 없어서 시쓰기는 늘 부끄럽고 어렵다못해 서글프기까지 하다. 그 많은 사과 중에서도 가장 탐나는 것은 시詩라는 사과였다. 가장 쓸쓸하고 적막한 사과 하나를 정해놓고 지나치게 오래도록 바라보았다. 어느 시인의 시 한 구절이다. "왜 나는 닥치는 대로 쓰고 써지는 대로 살아갈 수 없는가."(김이듬, 「아케이드」, 『말할 수 없는 애인』, 문학과지성사, 2011)

쓰기와 살기는 나와 상관없이 진행된다. 닥치는 대로 쓸 수 없는 나와 내가 쓴 글과 상관없이 살아지는 나. 탐나는 사과詩 하나를 내 안에 이입해놓고도, 내 안에서도 밖에서도 충분한 운동성과 비밀을 갖지 못했다.

일단 2012년 한 해에 쓴 시들은 사과에 대한 언술로 시작되었고, 사과를 통해 깊이를 두고 있으며, 사과로 소통하려 한 것이 사실이다. 가시적인 사과의 형상, 빛깔을 넘어 비밀스러운 사과의 방식을 나의 내적 필연성과 동일선상에 두고 싶었던 것 또한 사실이다. 어느 평론가는 사물과 사물 사이에 경계가 있던가? 하고 물었다.

그 분별없는 사이에 새가 산다. '사이'라는 그 유한성에 있는 새는 소리쳐 울지도 못하는 새다. 사과의 모든 비밀을 알아볼 수 있을 때까지 하염없이 기다리는 새이며, 이러한 새가 만드는 세계가 사과 사이사이다. 한동안 나는 새처럼 사과의 비밀에 빠져 지냈다. 이 비밀의 세계 속 사과의 경험, 사과의 입장, 사과가 씨를 뱉는 일, 사과가 사과를 나열하거나 방류하는 일, 사과가 자기 색깔을 만드는 일, 사과의 흉기, 사과의 상자들, 사과의 구획, 사과의 팽창. 그러나 애당초 사과가 가지고 있던 비밀의 행방은 여태껏 알 수 없다.

옥수수

오래전에 발표했던 「옥수수라고 부르지 마」라는 졸시에서 나는 "들판 옥수수밭에 나가 옥수수 하나 붙잡고 옥수수 하나 알 듯 나를 안다고 나를 옥수수라고 부르지 마"라고 말했다.

시인들은 보이지 않는 것을 믿는 힘이 있다. 시를 쓰는 작업은 옥수수를 옥수수라고 부르지 않기로 작정하는 일일 것이다. 세상에선 옥수수를 모두 '옥수수'라고 부른다. 부르기 쉬운 이름이다. 옥수수자루만 보고 옥수수대궁만 보고, 옥수수밭을 한번 빙 돌아보고 아무 고민 없이 옥수수를 그냥 '옥수수'라고 부른다. 옥수수는 어쩌다 옥수수가 되었는지, 옥수수의 자궁은 작은 알들을 어쩌다 배게 되었는지, 알들은 얼마나 촘촘한지, 촘촘하게 박히지 않으면 왜 안 되는지, 저 옥수수가 하고 싶었던 말은 무엇인지. 옥수수를 알려고 한다면 끝이 없다. 거죽만 보고 그냥 옥수수라고 부르는 일은 참으로 무모할 것이다.

 남들은 모두 옥수수를 옥수수라고 불러도 시인은 옥수수를 그냥 옥수수라고만 부를 수 없다. 옥수수라는 판단을 중지시키고, 옥수수를 규정지을 수 있는 그 어떤 다른 것들과 옥수수의 다른 이름들을 찾아나서야 할 것이다. 옥수수가 아닌 그 어떤 것들, 그것과 소통하고 옥수수가 하고 싶은 말까지 들어준 뒤 그때 옥수수를 '옥수수'라고 호명해도 늦지 않다.

 오래전 여름방학에 제자들과 전라남도를 한 바퀴 돌았다. 고창 선운사에서 문수사로 가는 도중 수만 평의 옥수수밭을 지나게 되었다. 차를 대고 땅에 늘어선 키 큰 옥수수들을 처음으로 자세히 볼 수 있었다. 수십만 개의 옥수수가 저마다 다른 모습을 하고 있었다. 옥수수의 그 많은 사연을 통으로 그냥 '옥수수'라고 부르며 지나칠 수 없었다. 옥수수의 푸른 자궁도 제각각이려니와 바람에 몸을 문지를 때 나는 사각거리는 소리 하나까지 옥수수마다 다르고 신비로웠다. 물론 하고 싶은 말도 옥수수마다 다를 것이다. 소통하려면 상당한 시간 그들과 같이 살아내야 할 것 같았다. 옥수수를 그냥 옥수수라고 부르기에는 참으로 부당하고 옥수수에게 미안하고 부족한 이름 같았다.

니콜라 부알로가 개진한 것처럼 시는 주제와 방법이 서로 마찰을 일으키면서 가장 궁극적인 긴장의 언어를 찾는 장르이다. 시를 쓰는 일은 옥수수를 옥수수라고 부르지 않는 이상한 작업을 줄기차게 하는 것이다. 시인은 옥수수 바깥에 있으면서 옥수수 안 그 자리에 서 있는 사람. 나도 '옥수수'라는 이름과 매번 충돌하면서 수도 없는 밤을 이런 작업을 하면서 보냈다.

은초垠草

 예로부터 우리나라는 두 가지 이상의 이름 가지기를 좋아했다. 성명 외에 자와 호를 가졌고, 높은 벼슬을 한 사람은 임금이 내린 봉호나 사후에 내린 시호도 가진다. 자 외에 허물없이 부르기 위해 그 대신 쓰는 이름 호를 지어 불렀다. 2종 이상의 이름을 가지는 풍습은 그후로도 이어져 예술인들이 거의 그랬고, 이름이 알려진 사람은 이름보다 호가 더 많이 불리기도 했다.

 『예기禮記』에 "남자는 20세에 성년이 되어 관례를 마치고 성인이 되면 자가 붙는다. 여자는 15세로 결혼하게 되어 비녀를 꽂으면 또한 자가 붙는다. 여자의 자에는 흔히 자매의 차례를 나타내는 백伯·중仲·숙叔·계季를 붙인 데 지나지 않으나, 남자의 자에는 흔히 그 실명과 의미상의 관련이 있는 자가 붙고, 다시 그 위에 형제의 차례를 나타내는 백·중·숙·계의 글자나, 남자의 미칭인 자를 붙이는 일이 많다. 또한, 흔히 형제간의 자에는 같은 한 글자를 넣어 지어서 그들이 같은 형제인 것을 나타내기도 한다"(한국정신문화연구원, 『한국민족문화대백과사전』, 웅진출판, 1991)고 하였다.

등단 초기 첫 시집을 냈을 때 당시 유명했던 원로 시인이 편지에 '은초垠草'라는 호를 지어 보내주셨다. '가파르고 험한 벼랑에 뿌리를 박고 바람에 흔들리는 새파란 풀은 더이상 아름다울 수 없다'라는 해석도 덧붙였다. 어떤 상황에도 낙심하거나 멈추지 말고 좋은 시 쓰라는 격려의 글도 같이 있었다.

나는 한 번도 그 이름을 써보지 못했고, 그 선생님이 몇 번 불러주시고는 돌아가셨다. 가끔 가파른 삶의 벼랑 끝에서 막막했을 때 선생님이 지어준 이름을 생각했다. 선생님은 아름다운 이름이라 했지만 은초는 위험하고 고단하고 외로운 이름이었다.

앞으로도 그 이름을 사용할 마음은 없고, 혹시 묘비에 글이 쓰인다면 글 끝 실명 바로 앞에 은초라고 써달라는 부탁을 한번 해볼까, 생각은 하고 있는 중이다.

인간은 너무 많은
기억을 죽여왔다

낯선 여름이었다. 예기치 않게 모든 것이 금지되고 일단 멈춤으로 당혹스럽기만 한 여름을 보냈다. 푹푹 찌는 더위도 집에서 보내야 했고, 50일 이상 이어진 장대비에 창문을 열면 잔뜩 폭우를 머금은 시커먼 하늘만 보였다. TV에서는 재난과 우울한 사건을 연속 보도했다. 저성장, 저금리, 저수익, 고위험, 고실업, 사회 불안 등 "삶의 형식과 상관없이도 삶의 질료가 아름다울 거"라는 문장은 실감나지 않았다. 이 갑작스러운 변화의 요청을 전환의 계기로 이해하기보다는 고도의 비인간적인 공포로 경험했다. 바이러스도 걱정이지만 온라인을 활용한 비대면 활동을 해나가고 금기를 지키고 규율에 복종하고 인터넷

마트 업자가 늘어나는 일, 갑자기 이렇게 삶의 새로운 지평을 열어야 하는 것은 참으로 무겁고 어려운 일이었다. 그러나 시 한 편을 읽고 불현듯 마음을 조금 편하게 열게 되었다.

아우슈비츠를 다녀온
이후에도 나는 밥을 먹었다
깡마른 육체의 무더기를 떠올리면서도
횟집을 서성이며 생선의 살을 파먹었고
서로를 갉아먹는 쇠와 쇠 사이의
녹 같은 연애를 했다
역사와 정치와 사랑과 관계없이

―최명란, 「아우슈비츠 이후」

(『쓰러지는 법을 배운다』, 랜덤하우스코리아, 2008) 부분

아우슈비츠의 광기와 인간의 야수성을 폭로한 철학자가 있다. "아우슈비츠 이후에 서정시를 쓰는 것은 야만이다"라고 외친 건 아도르노이다. '아우슈비츠 이후에도 서

정시는 가능할까?'라는 물음은 도저한 절망의 끝에서 터져나오는 질문이다. 시는 시대의 징후에 가장 민감하다. 시는 시대에 반응하는 정신의 역동성에서 나온다.

아우슈비츠는 과거 나치에 의해 대규모 학살이 자행되던 수용소가 있던 곳으로 유명하다. 수많은 유대인이 학살되었던 이 수용소는 후에 세계문화유산으로 지정되며 매년 많은 사람이 찾고 있다. 관람객들은 이곳 전시관에서 나치가 저지른 잔혹한 역사에 마음 아파하며 다시금 인류에게 그와 같은 일이 일어나지 않길 염원한다. 최명란 시인도 관람객 중 한 명이었나보다. 아우슈비츠를 다녀온 이후로 시인은 밥을 먹을 때나 연애를 할 때나 자꾸만 떠오르는 광기의 역사에 마음이 여간 불편한 게 아니다.

그 같은 불행을 눈으로 보고 와서도 아무 일도 없었다는 듯 기억의 한편으로 밀어두고는 일상으로 돌아와 평범하게 밥을 먹고 연애를 하는 스스로가 못내 잔인해 보인 것이다. 인간은 너무 많은 기억을 죽여왔다.

인간은 자연의 일부이다. 그러나 인간을 위협하는 자연-전염병-재난으로 이어지는 공통된 불행 앞에서 모든 멈춤은 어쩌면 미래가 지속될 수 있게 하는 힘이기도 하다. 시인의 시 한 편으로 언제고 멈춰 서고 뒤돌아보고 불행을 선회할 수 있다면, 시 한 편은 소중하다. 시 한 편은 위대하다.

○
눈먼 자들의 회의

 『눈먼 자들의 도시』라는 제목으로 번역된 장편소설이 있다. 포르투갈의 노벨문학상 수상 작가 주제 사라마구가 쓴 작품이다. 건널목 앞에서 신호를 기다리던 한 남자가 갑자기 맹인이 되어 세상이 하얗게 보인다. 그를 치료해주던 안과 의사도, 그를 도와주던 사람도 눈먼 남자를 쳐다본 순간 모두 눈먼 사람이 된다. 이런 실명 현상은 콜레라나 페스트처럼 온 도시에 퍼지고, 이 집단적 실명으로 눈먼 자들은 격리된다. 그리고 소설은 이로 인해 빠른 속도로 붕괴되는 사회의 모습을 보여준다.

 '맹목'이란 말이 있다. 눈이 있어도 보지 못하고, 멀쩡하게 눈을 뜨고도 마치 눈먼 자들처럼 행동하는 것을 말한다. 소설에서처럼 눈먼 자들을 쳐다보는 것만으로 쉽게 눈먼 자가 되는 사람도 있다. 주변의 생각에 쉽게 전염되어 자신의 의견과 생각을 제대로 표출하지 못하는 자들을 두고 하는 말이다. '눈'뿐만 아니라 갑자기 '말 못하는 자'가 되는 전염병도 있다. 이들을 바라보는 순간 모두 말 못하는 자가 되어버리는 말없는 도시도 있다.

대학에 오래 근무하는 동안 중요한 회의에 참가하기도 하고, 회의를 주재하기도 했다. 그때마다 회의 내내 눈을 감고 입을 꼭 다물고 있는 사람이 꼭 있다. 그런 사람은 자신이 보고 듣고 판단한 내용을 결코 말하지 않는다. '말 안 하면 중간은 간다'라는 말, 정말 그런 방법으로 중간을 갈 수 있을까? 중간은 왜 그들의 최상의 목표가 되어야 할까? 말함으로 최하가 되는 것이 즐거운 때도 많은데.

겨우 애매한 책 한 권 읽고 소개하면서 아주 확신에 차 혼자 떠들어대는 교수도 있고, 끽소리 한번 내지 않는 교수도 있다. 또 이들을 바라보며 같은 병에 걸리는 교수들도 있는데 이들은 모두 눈먼 대학, 눈먼 도시, 말 못하는 도시를 만드는 사람들이다. 토론이나 대화가 언제나 가능한 교수들, 그들이 쟁점이 되는 사안에 화내지 않고 다양한 견해를 내는 회의에서는 언제나 결실이 있었다.

일본의 젊은이 3분의 1이 귀차니즘에 전염되어 있다고 한다. 보는 것도 귀찮고 말하는 것도 귀찮고, 사람들과 부딪히며 스트레스 받는 것이 싫어서 직장도 그만둔 사람들끼리 모이는 침묵, 맹목 단체도 있다고 한다. 건강한 도시는 맹목적 합의나 단편적 지식이 아닌 정보와 지식의 확대, 다양한 의견, 토론이 언제나 가능해야 만들어진다.

오래전 교수회의를 마치고 「풀」이라는 시를 쓴 적이 있다.

오전 9시, 교수회의가 있었다
풀죽은 풀들이 모여 회의를 했다

빳빳했던 유년의 풀빛이 무더기로 스러지는 곳
걸으면 허벅지 안쪽이 쓰라렸던
무명 속바지의 서걱대던 풀 때가
풀죽어 보드라워진 것
아, 참을 수 없다
지금쯤 누구의 무릎에서 억센 사상으로 자라나고 있는가.

눈먼 자들의 회의를 마치고 바로 쓴 시였다.

○

친구

30대에 「혼자」라는 시를 썼다. 이 작품은 평생 나를 자신보다 더 많이 사랑했던 친구가 담낭암으로 죽고 난 다음 쓴 시다. 현대음악 작곡가(연세대 나인용 명예교수)가 음악으로 만들어 여러 번 연주되기도 했다.

그 친구는 때로 엄마나 목사님 같았다. 새벽 2시 심한 복통으로 괴로울 때도 나는 병원보다 친구에게 먼저 전화했다. 등단 초기 신인이었을 때 친구는 단호하게 나에게 충고했다. 작품이 하나님보다 우선이 되면 안 돼, 작품이 우상이 되어서도 안 돼. 야단치듯 말하다가 나와 설전을 벌인 적도 있다.

어느 날 밤에 친구가 전화를 했다. 사업차 사우디아라비아에 가 있던 남편이 사막에서 차가 뒤집히는 바람에 몸이 산산조각이 났다고 했다. 공항에서 드라이아이스관 속에 들어 있는 남편을 잡고 그녀는 조용히, 정말 조용히 서 있었다. 조금도 흔들리거나 휘청거리지 않았다. 나는 그녀를 위해 할 수 있는 일이 거의 없었다.

1970년대에 내가 위장병(출혈성 위궤양)으로 고생을 심하게 할 때다. 친구는 금식 기도원에 들어가 일주일이나 금식하며 나를 위해 기도해줬다. 어느 날 학교에서 친구의 전화를 받았다. "나 참, 나 담낭암이래. 길어야 3개월이래. 나, 너보다 먼저 죽게 됐어." 평상시 말투로 쉽게 내게 죽음을 알렸다. 그때도 나는 그녀를 위해 할 수 있는 게 아무것도 없었다. 매일매일 눈물이 저절로 나왔다. 친구는 진단을 받은 뒤 꼬박 두 달을 씩씩하고 담대하고 명쾌하게 살다가 갔다. 그후 나 혼자 살아가면서 외롭고 고통스러울 적마다 그 고비에서 친구의 불같은 믿음이 그리웠다.

○
페르소나Persona

『죄Verbrechen』라는 제목으로 독일에서 출간돼 50주 연속 베스트셀러 목록에 오르고 25개국에 소개된 화제작이 있다. 페르디난트 폰 쉬라크의 단편집이다. 그중 「페너Fähner」라는 작품은 독일의 유명한 의사인 페너가 48년간 서로 대화 없이 살면서 미워하던 아내가 자신에게 욕설을 퍼붓자 아내를 도끼로 살해하는 이야기다. 남들에게는 너무도 행복하고 그럴듯하게 보였지만 부부는 서로 비난하고 미워하면서 최악의 48년이란 긴 악몽의 시간을 보냈다.

이 시대에는 페너 부부처럼 행복의 탈을 쓰고 긴 시간

이혼하지 않으면서 불행하게 살고 있는 부부가 적지 않다. 그들은 남들 앞에선 행복하게 잘사는 척하지만 집안에서 가면만 벗으면 원수처럼 등을 돌리고 말없이 살아간다.

그들은 서로 마주치는 시간을 최소화하기 위해 일정을 조정하고, 심지어는 한집에 살면서 밥도 따로 먹으며, 대화는커녕 눈길 한번 주지 않는다. 소통 방법은 냉장고에 붙여진 메모지에 서로 필요한 것만 얼음처럼 차가운 문장으로 적는 것이 고작이다. 정말 어처구니없는 가면 부부 이야기는 수없이 많다. 이 시대는 많은 가면 부부를 양산하고 있다. 이 가면 부부들은 끝내 더는 못 참고 이혼하게 되는데, 그들의 이혼 사유도 점점 늘어나고 있다. 많은 부부가 미움이나 비난을 가면으로 가리고 있는 것이다.

페르소나란 용어는 탈, 또는 가면으로 번역되는 문학 용어인 동시에 인간이 세상에 내보이는 외적 인격의 상징물이다. 인간은 자아와 이 세계와의 갈등으로 늘 혼란을 겪는다. 자아가 부정적일 때 인간은 자기 봉쇄적 방법으로 탈을 쓰게 된다. 탈을 쓴 자아는 거리낄 것 없이 자유롭게, 멋있게, 되는대로 행동할 수 있다. 그러나 탈 속에 숨겨진 실재적 자아 때문에 인간은 분리에 대한 인식이 날카로워지고 자아는 더욱 고립된다.

　지금은 이러한 이중적 자아가 내적 갈등을 겪으며 살아가기에 아주 좋은 시대이다. 인간들이 쓰고 있는 탈은 얼마든지 다양하다. 가장 어두운 표정의 실재 위에 가장 밝은 탈을 쓰고 있다든지, 가장 불행한 부부가 행복의 가면을 쓰고 있다든지, 악마적 상상을 하고 있는 얼굴 위에 성자의 정결한 탈을 쓰기도 한다. 이때 탈 속의 실재 자아는 자기를 타인으로 여기기도 하고, 순간적이지만 자기가 아닌 쓰고 있는 탈의 흉내를 훌륭히 해내기도 한다. 가면을 쓰지 않았을 때 드러냈던 증오, 비난, 모욕, 경멸, 폭언 들은 가면 하나 쓰고 나면 모든 것이 해결이나 된 듯 잠시 정지되고, 그친다.

시인 윤동주도 「참회록」이라는 시에서 자기의 욕된 얼굴과 외형으로 드러난 자신과의 괴리를 참지 못해 스스로 얼굴을 문지른다. 시인은 자신을 욕된 역사의 유물로 보고, 역사에 짓눌려 있는 스스로를 부끄러워한다. 윤동주는 자신의 부끄러움을 끊임없이 닦으면서 녹, 즉 가식의 근원인 페르소나를 지우면 자기를 찾을 것이라고 믿고 있다. 여기서 거울은 '나'가 아닌 페르소나를 쓰고 있는 나를 비춘다. 거울에 비친 얼굴은 실재의 자기가 아니고 역사의 굴욕적인 유물인 페르소나이다. 윤동주는 탈을 쓰지 않은 참자기를 찾기 위해 철저하게 참회한다. 이 시대의 아침, 어느 가면 부부 한 쌍이 페르소나를 벗어던지며 이처럼 서로에게 정결한 참회를 할 수 있을까?

○
향

 독일의 작가 파트리크 쥐스킨트의 『향수』(강명순 옮김, 열린책들, 2017)라는 작품을 읽고 나면, 괴기할 정도의 광기와 강렬한 매력을 동시에 느끼게 된다. 18세기 근대 유럽을 배경으로 한 이 소설 속 주인공의 꿈은 세상에서 가장 아름답고 매혹적인 향수를 만드는 것이다. 비천하고 사랑받지 못하는 추한 자신을 볼 때마다 스스로에 대한 혐오에 빠지며, 그는 이 세상에서 가장 아름답고 순결한 존재들의 미덕을 열망하게 된다.

 결국 그는 가장 사랑스럽고 순수하고 고결한 소녀를 25명이나 살인하여 그들의 머리카락에서 얻어낸 체액으로 향수를 제조한다. 그 악마적인 발상에도 불구하고 이 작품에서 매력을 느끼고 공감을 하게 되는 것은 인간이 얻고자 하는 최상의 선과 미는 인간을 통해 얻어진다는 작가의 의도를 읽을 수 있기 때문이다.

주인공 그르누이는 왜소하고 추한 외모 때문에 아무에게도 주목받지 못하고, 무두 작업장에서 일하며 경멸 속에 살아가는 사람이다. 어느 날 그는 길을 떠나 새로운 일에 몰두하게 되는데, 천부적으로 뛰어난 후각이 향수 제조업에 더할 나위 없는 재능과 힘이 되어준다. 비참한 자신과는 너무나 다른 존재들, 천진난만하고 발랄하며 아름답고 상냥한, 그래서 사람들의 사랑스러운 눈길을 받는 소녀들이 그가 열망을 품는 대상이 되는 것은 어쩌면 자연스러운 일인지도 모른다. 그는 기형적으로 몸에서 아무 냄새도 나지 않는(악취조차도) 자신을 견딜 수 없어 한다. 향기를 발하는 존재가 되고 싶어서 그가 만든 엄청난 향수를 뿌렸을 때, 살인자임에도 불구하고 사람들은 그에게 환호와 사랑과 찬사를 보낸다.

그러나 그 순간 그것이 자신의 본질적인 냄새가 아니라는 것을 깨달은 그는 자신이 만든 향수를 병째 자기 몸에 쏟아버린다. 사람들은 그를 너무도 열망한 나머지 달려들어 먹어버리고 만다. 그르누이가 스스로 파멸하는 과정을 통해, 우리는 겉으로 보여주는 모습과 실체에 대해 생각해보게 된다. 최인훈 선생의 「가면고」라는 작품에서 주인공인 왕이 거리를 지나가다 아름답고 평화롭고 행복해 보이는 얼굴을 보면 그 얼굴 가죽을 벗겨내는 장면을 떠올려본다. 무수한 얼굴을 자신의 얼굴 위에 씌워봤지만 다 녹아내려버리고, 결국 자신의 얼굴에서 그 수많았던 얼굴을 발견한다는 이야기다.

사랑과 평화와 아름다움은 위장할수록 숨막힌다. 경건을 위장한 경건도 언젠가는 악취를 내게 된다. 우울한 시대에도, 비록 고통스러운 선택일지라도 본질적인 자기 냄새로 일관하며 진실을 소망하며 기다리는 사람들이 있다. 그들이 용기를 주는 것 같다.

그대는
흙이니라

　가까웠던 두 사람의 사망 소식을 3일 간격으로 전해 들었다. 두 사람 모두 전혀 죽을 것 같지 않던 건장한 몸을 가지고 있었다. 한 사람은 뇌출혈로, 한 사람은 심근경색으로. 긴 시간 끌 사이도 없이 쓰러진 지 10분 만에 운명했다고 한다.

　당혹스럽고 떨리고 아팠다. 죽음 자체는 부정적인 것, 허무한 것이지만 부정할 것이 아니라 긍정의 대상으로 봐야 한다는 '하이데거의 릴케론'을 잘 알고 있다. 죽음은 끝이 아니라 천국에 가는 새로운 시작이며, 그 세계로 진입하는 통로로 봐야 한다는 성서적 의미도 너무 잘 안다. 그럼에도 불구하고 며칠 동안 마음이 편안치 못하고 몹시 우울했다. 일이 손에 잘 잡히지 않고 생전에 고인과 가졌던 기억들로 무척 괴로웠다. 허약한 신자의 모습일 수밖에 없었다.

고대 이집트에서는 잔치를 베푸는 자리에 미라나 사람의 해골을 갖다놓는 관습이 있었다고 한다. 잔치는 "그대는 흙이니라. 머지않아 그대는 다시 흙으로 된다"라는 노래와 함께 시작했다. 기쁨의 자리, 축하의 순간, 기쁨의 절정에 해골, 즉 죽음을 보게 하는 것이다. 죽음에 대한 긍정적 인식을 갖게 하려는 의도일 수도 있지만, 죽음을 멀리 두고 두려움과 공포의 대상으로만 놔두는 것이 아니라 죽음과의 일상, 각성된 생명, 끊임없는 출발까지 느끼게 해주는 풍습이라고 본다.

죽음은 분명 '생의 타자, 어두운 그림자'이다. 시인 김수영도 자신이 아직 해결하지 못하고 있는, 그리고 앞으로도 좀처럼 해결하지 못할 문제 중 첫째로 죽음을 언급

한 바 있다. 죽음의 고개를 넘어가는 그 최후의 문턱에서 인간은 성서 속 인물과 많이 다를 것이다. 누가 그 문턱을 찬미하면서 즐겁게 넘어갈 수 있을 것인가? 두 사람의 죽음 이후 쓰러짐의 자세에 대하여 깊이 생각하고 있다. 그리스도의 죽음을 통해서만 우리의 속죄가 가능했던 그 귀한 사실이 죽음을 맞을 때마다 왜 이렇게 따로따로 생소하게 느껴지는 걸까.

조장

생태저술가 프란츠 알트 박사는 철학을 거쳐 신학까지 전공했다. 그는 교회와 신학자의 탐욕과 무지를 질타하는 삐딱한 사상가였다. 그는 자신의 글 「생태주의자 예수」에서 예수를 생태적 예수라고 규정짓는다. 또한 자연과의 평화 없이 사람들 사이에 평화 없고, 사람들 사이의 평화 없이 자연과의 평화 없음을 강조했다.

2001년도에 네팔에서 3,200미터 높이를 목표로 하고 트레킹을 한 적이 있었다. 3일 올라가고 3일 내려오는 난코스였다. 높은 산길을 걷다가 맨발로 나무하는 여인들을 보았다. 나무하기 직전 그들은 무릎을 꿇고 잠시 기도를 했다. 가이드에게 무슨 기도를 드리는가 물었더니 "신이여, 오늘 당신의 나무를 조금 가져가겠습니다. 용서하시고 허락하소서"라고 기도의 내용을 소개해주었다. 이미 여인들은 자연이 자기의 것이 아닌, 자기 마음대로 할 수 없는 신의 소중한 소유임을 인정하고 있었다. 나무를 해가는 모습도 매우 조심스러웠다. 자연과 어울리는 모습이 조금도 어색하지 않고 친근하게 보였다.

이들의 장례 의식인 조장 의식도 보았다. 많은 사람이 들것에다 시신을 떠메고 와서 나무 위에 매달았다. 상주를 비롯한 친척들은 나무 밑에서 대기하면서 시신을 먹어줄 새를 기다렸다. 섭씨 40도가 넘는 땡볕 속에서도, 장대비로 쏟아져내리는 스콜을 다 맞으면서도 상주는 계속 나무 밑에서 울고 있어야 한다. 오랜 시간이 지나도 새는 오지 않았다.

갑자기 "깍" 하고 새소리가 나더니 그 큰 산을 넘어 검은 새 수백 마리가 날아와 나무에 앉았다. 삽시간에 시체의 살은 새의 먹이가 되고 뼈와 들것은 나무 밑으로 뚝 떨어져내렸다. 울음소리가 그치고 유족들은 땅속에 뼈를 묻고 돌아갔다.

자연에서 태어나서 자연으로 돌아가는 그 모습을 그날 빠짐없이 보았다. 또하나의 신비했던 자연의 모습이 생각난다. 네팔에서의 일출은 경이롭다못해 숨이 멎을 정도로 신비했다. 8천 미터가 넘는 산봉들이 번쩍거리는 눈이 덮인 에베레스트산봉과 함께 안개를 가르며 해 아래로 드러날 때, 여기선 이대로, 죽음도 아름답겠다는 생각이 들었다.

큰 산들을 다녀온 얼마 동안은 좋은 생각, 아름다운 생각만으로 꽉 차게 된다. 자연과 깊은 교감을 갖는 것은 사람 사이 관계에 있어서도 순하고 자연스러운 관계를 이어갈 수 있게 한다.

이런 면에서 볼 때 삐딱한 사상가 알트 박사가 생태적

이라고 예수를 규정지은 것은 틀리지 않은 얘기가 된다. 그의 말대로 자연과의 평화 없이는 사람들 사이의 평화는 없고 사람들 사이의 평화 없이 자연과의 평화는 없다.

0의
얼굴

 세잎클로버 군락지에서 네잎클로버를 발견하고 신기해서 엎드려 그 잎을 만져보려는 순간 날아오는 총알을 피하게 되었다는 일화로 네잎클로버의 꽃말은 '행운'이다. 세잎클로버의 꽃말이 '행복'이라면 한 잎 차이로 '행운'과 '행복'이 갈린다. 행복한 세잎클로버밭을 신발 신은 채로 밟고 서서 우리는 네잎클로버를 찾고 있는 것이다. '행복'보다 '행운'이 더 소중할까?

 어찌 보면 노력하지 않고 얻거나 차지하게 되는 것을 우리는 더 사랑하고, 기대하는 것 같다. 판매 목적을 가지고 네잎클로버만 재배하는 농장도 있다고 한다. 잘 팔려나간다고 들었다.

어느 날 목사님의 설교를 듣고 큰 은혜를 받은 적이 있다. '3 or 4 그리고 무한'이라는 제목의 설교였다. 3에 서 있는 사람들은 늘 4를 바라보면서, 3에 서 있다는 것에 대하여 부족함을 느낀다고 한다. 이미 소유하고 있는 3이라는 가치에는 아무런 느낌이 없고, 겨우 1이 더 많은 4를 한없이 바라보며 자신을 비하하고 포기하고, 자괴감까지 느끼면서 부러워한다는 것이다. 3이 주는 행복과 만족은 찾아볼 수 없다. 반면, 4에 서 있는 사람들은 어떨까? 3을 바라보며 늘 감사하고 만족해하는 것이 아니라, 3엔 관심도 없고 4를 넘어서 머나먼 무한의 가치에 대한 생각으로 4 이하의 모든 숫자가 갖는 의미를 여지없이 삭제시킨다고 한다.

오래전 나는 「0의 맛」이라는 시를 썼다. 0의 맛은 명쾌하다. 나는 0의 맛을 좋아한다. 세잎클로버를 짓밟고 네잎클로버를 찾고 싶지 않다.

보랏빛
공포

 내가 싫어하는 말 중에 '밀어붙이다'라는 말이 있다. 밀어붙인다는 것은 의지와 절차와 과정을 삭제한 행위이다. 자기 의지와는 상관없이 엉거주춤 떠밀려가는 자의 심정은 어떠할까? 나도 작은 경험이지만, 이 밀어붙이는 힘 때문에 한동안 보랏빛 공포에 시달린 적이 있다.

 어느 날 아침 잠자리에서 일어나보니 프리즘을 통해 보는 것처럼 모든 물체의 테두리가 일곱 가지 색깔로 둘러싸여 있는 듯 보였다. 하늘을 봐도 나무를 봐도 사람을 봐도 가장자리가 보라, 남, 파랑, 초록, 노랑, 주황, 빨강. 그중에서도 보라색이 가장 진하게 물체를 둘러싸고 있었다. 며칠을 보랏빛 때문에 고통스러워하다가 안과를 찾았다. 여러 가지 안과 질환에 대한 검사를 받았으나 아무 이상이 없다는 답변만 들었다. 다른 병원에도 가보고 한약도 먹어보고 특별한 민간요법도 써보았으나 아무 소용이 없었다.

친척 중에 정신과 의사가 있어 우연히 만난 기회에 그 고통을 털어놓았더니, 요즘 생활 중 극도의 공포감을 느낀 사례가 있는지 잘 생각해보라고 했다. 혹시 생각이 나면 한번 찾아오라고 했다. 이틀을 곰곰이 생각하다가 언뜻 한 기억이 떠올랐다.

얼마 전부터 나는 수영을 배우기 시작했다. 운동신경이 둔한데다가 겁도 많은 터라 수영 선생에게 핀잔을 여러 번 들었다. 2미터가 넘는 깊이의 풀 속으로 다이빙하여 헤엄쳐나가는 훈련을 할 때였다. 무섭고 자신이 없어서 내 차례가 되면 줄 맨 뒤에 가서 서 있었다. "밀어붙여" 누군가가 수영 선생에게 소리치자 수영 선생은 준비 자세도 취하지 못한 나의 엉덩이를 물속으로 힘껏 떠밀었다. 수없이 물을 들이켜며 간신히 물속에서 빠져나온 나는 그날로 수영을 그만두었다. 근래에 겪은 일 중에 공포를 느꼈던 일이 그 일뿐이었으므로 나는 병원을 찾아가 의사와 상담중에 그 이야기를 털어놓았다. 의사는 나에게 처방의 하나로 수영 강습을 다시 시작할 것을 권했다. 의사의 지시대로 단체 강습이 아닌 개인 레슨을 받았다. 아주 얕은 곳에서부터 무리 없는 절차로 천천히, 친절한 수영 강습을 받았다. 2주쯤 지나자 언제 나았는지도 모르게, 무지개색으로 둘러싸여 보이던 모든 물체가 정상적으로 보이게 되었다.

그후 1년을 넘게 더 수영 훈련을 하여 지금은 수영의 모든 종목을 다 할 수 있게 되었다. 나의 의지 없이 누구에게 '떠밀린다는 것'이 몸에 어떤 영향을 미치는지 보여주는 좋은 예다. 비록 나는 보랏빛 공포라는 작은 고통을 겪었지만, 또다른 떠밀리는 자들은 어떤 큰 고통의 증세를 나타낼지 모른다. 어떤 상황에서도 밀어붙이는 행위로 다른 이를 깊은 삶의 물속으로 빠뜨릴 권리란 누구에게도 없다.

금요일

 금요일. 누구는 돌을 나르고 누구는 물고기 열 마리를 낚을 때, 나는 버스 종점에 서서 오래 금요일을 기다렸다. 버스가 오면 개 한 마리처럼 자꾸 손을 내밀었다.

 금요일, 상처투성이 하얀 운동화를 신고 철야기도 하러 간다. 걸어서 가는 길에 손이 닿지 않는 구름이 있어서 좋았다. 아무 짓도 하지 않는 구름이라 더 좋았다. 회현역 근처 흰 구름 밑에서 더러운 봉지들을 찢어버렸다. 긴 시간 목이 탔던, 오래 무거웠던 증발접시를 깨뜨리고 거대한 절벽 하나를 밀어버렸다.

교회 건물 7층 작은 기도실에서 우리는 각자의 색으로 기도했다. 나는 내 손으로 만들지 않고 새로 태어나는 외로움으로 기도했다. "당신은 나의 굵은 기둥이 되어야 하는데, 수십 개의 못을 받아줘야 하는데, 내 무거운 가방을 걸어주고 무거운 어깨를 걸어주고 슬픈 얼굴을 걸어주고 마음까지 들어줘야 하는데, 그래도 나는 날마다 아픈 소리가 나는데, 그렇게 마음껏 액체였던 것들 흐르고 싶은 눈물들이 이렇게 많은데, 나는 물기둥일 텐데 괜찮나요?" 주기도문을 외우고 나서 신과 한없이 더 가까워지는 느낌. 자꾸 옥타브 밖으로 나가려던 나에게 기도는 흰 눈송이로 되돌아오는 눈물. 잠시 눈물을 고백이라고, 응답이라고 오해하기도 했다.

심야버스를 타고 오는데 모든 것이 녹고 있었다. 마음 아래 흙이 생기고 뿌리가 달리고. 반포대교를 건널 때 기도 전보다 강물이 더 출렁거렸다. 은혜였다.

3부

나무는 죽을 때
슬픈 쪽으로 쓰러진다

○
허기는
언제나 위험하다

 비가 오는 거리에 나서면 누구나 젖게 되어 있다. 하나의 우산을 가졌거나 열 개의 우산을 가졌거나 예외 없이 우산을 펴야 하고, 내리는 비를 맞을 수밖에 없다. 또 굶은 적 없는 사람도 오래 굶은 사람도 먹는 것은 마찬가지다. 식사가 끝나고 그릇이 비면 먹는 일도 조용히 끝난다. 더 특별한 일은 일어나지 않는다. 이는 허기의 실존을 말해준다. 우산 한 개를 가진 사람이나 열 개를 가진 사람이나 모두 허기진 사람들이다. 그들은 비를 좀더 완벽하게 막아줄 수 있는 우산에 대한 허기를 느끼는 것이다. 배고파본 적 있는 사람이나 굶어본 적이 없는 사람이나 똑같이 식사가 끝나고, 허기가 채워지면 잠시나마 같은 포만감에 젖어 조용해진다.

  원룸에 사는 사람이나 저택에 사는 사람이나 모두 잠들 때, 중층적으로 해석해본다면 영면할 때, 그 공간은 생과 사의 길에서 어떤 작용도 할 수 없다. 사람들은 각각 다른 허기를 가지고 있다. 자신의 허기를 끊임없이 발견해내는 일은 중요하다. 인간의 삶 자체가 목마름의 한 필연적 형태이기 때문에 허기는 언제나 위험하다. 조금만 먹어도 허기가 싹 사라지는 식사란 참으로 더 위험하다. 우리를 유혹하는 첫 허기이므로.

○
그날, 오래도록
옻나무밭에 서 있었다

 몇 년 전 원주 사는 고진하 시인을 따라 옻나무밭에 간 적이 있다. 수천 평 되는 옻나무밭. 옻나무 사이로 들어갔다. 그 많은 옻나무 중 한 그루도 성한 나무가 없었다. 밑동부터 위로 올라가면서 흉측한 칼자국이 쭉 나 있었다. 칼금을 수없이 맞은 채 서서 죽은 나무도 있었다.

 옻나무 진은 칼로 나무에 깊게 상처를 낼 때 그곳에 고인다고 했다. 칼을 맞은 옻나무는 온 힘을 다해 그 상처를 치유하려고 상처 있는 쪽으로 진액을 몰아가는데, 그때 거기다 그릇을 대고 흐르는 진액을 받는다. 진액을 더 받기 위하여 상처가 있는 그 나무에 다시 새로운 칼금 서너 개를 더 그어놓고 나오면, 그 부위에 진액이 몰려 사흘 뒤 많은 옻액을 수거할 수 있다고 했다. 수없이 칼금을 맞은 옻나무는 결국 죽게 되고, 새로 심은 옻나무는 칼을 맞게 되는 줄도 모르고 무럭무럭 자란다고 했다.

  그날, 오래도록 옻나무밭에 서 있었다. 예부터 부자들은 관을 썩지 않게 하려고 관에다 비싼 옻칠을 두껍게 입혔다. 관이 오랜 시간 썩지 않고 땅속 습기에도 견디는 까닭은 옻나무 고통의 힘이다. 나는 그곳에서 백년 천년 지워지지 않는 자연을 견디지 않는 액체들의 고통을 보았다.

5분

　나에게는 5분이 중요하다. 어느 날 나와 싸우러 올 사람이 있었다. 5분 후 그가 온다고 했다. 5분 후 나는 그 사람에게 분명 성내야 했다. 초침이 깜빡거리며 5분이 온통 날카로웠다. 모든 흔들림과 정지 사이로 5분이 재깍거리며 걸어가고 있었다. 5분 만에 고구마가 구워지거나 오이가 길어지지는 않는다. 그래도 5분 안에 연인은 숨을 거두고 그 병원에선 세 명이 더 죽는다.

　5분을 기다리는 동안 TV에선 갓 태어난 어린 말이 비린내 나는 태막을 벗고 아모르강가를 뛰었다. 목마름을 해결할 수 있는 곳으로 갔다. 세상을 디딘 지 불과 5분

만의 일이었다. 5분은 깨지기 전 가장 진한 슬픔이다. 숨을 팽팽하게 들이마셨다. 그는 5분 안에 내 입을 빨리도 가져갔다. 그날 나는 성내지 못했다.

괴물

 요즘엔 괴물이 매력 있는 대상으로 등장한다. 괴물이 인간을 향해 가장 잔인한 형태로 보복하고 한바탕 복수극을 치르는 공포영화는 얼마 전에 상당한 인기가 있었다. 영화 〈괴물〉에 대한 사람들의 관심은 대단했다.

 괴물은 인간들의 억압을 해소하기 위해, 인간을 변형하여 출현시킨 상징물이다. 사람들은 피로 물든 화면을 바라보면서 실재가 지워진, 가상으로 화한 이미지의 재현을 즐긴다. 어떤 성화를 위장한, 폭력적인 생명을 가장한 죽음의 행위가 오락성을 통해 보여진다. 가학성과 피학성이 겹쳐지는 괴물과 인간과의 관계 속 심연은 생명과 죽음의 이중의미를 지닌다.

괴물이란 신화의 말을 빌리면, 부자연한 체구 및 부분을 가진 생물을 말한다. 보통 굉장한 힘과 잔인성을 가진 공포의 대상이다. 예를 들면 스핑크스와 키메라가 있다. 스핑크스는 야수의 무서운 성질에 인간의 지혜와 재능을 겸비한 자다. 신화에서는 자주 신이나 영웅에 대적한다. 우리가 잘 아는 스핑크스는 테베 사람들에게 괴로움을 주는 괴물로서 사자의 몸뚱이에 상반신은 여자이다. 이 괴물은 인간에게 어려운 질문을 던진다. 그리고 대답이 마음에 들지 않으면 죽여버린다.

어느 날 스핑크스는 한 나그네에게 질문을 했다. "아침에는 네 발로 걷고 낮에는 두 발로 걷고 저녁에는 세 발로 걷는 동물은 무엇인가?" 영리한 오이디푸스는 "그것은 인간이다"라고 대답했다. 스핑크스는 자기가 낸 수수께끼가 너무 쉽게 풀리자 굴욕을 느끼고 바위 밑으로 몸을 던져 죽어버렸다. 인간이 괴물을 이긴 신화의 한 예다.

신화뿐 아니라 이 시대에도 괴물이 자주 출몰한다. 사람의 몸에 야수의 사상이나 생각을 가진 기형의 생물체라든지, 행복한 얼굴을 가진 인간이 무서운 방향으로 다가가면서 공포의 쾌감을 즐기는 것 등은 분명 괴물의 모습이며 괴물의 행위를 닮아 있다.

괴물은 그 몸이나 생각이나 힘이 언제 어떻게 변할지 예측하기 어렵다. 다리에서 목까지는 인간의 것이지만 머리는 줄창 짐승이나 마귀의 생각만 하고 있다면 괴물임에 틀림없다. 언제 한강과 그 주변 둔치를 타고 올라와 히스테리를 부리며 나를 공격할지 모른다.

괴물은 잔인해 보이지만, 가끔 심술도 부리고 엄살을 떨면서 친밀하고 약한 모습으로 다가오기도 한다. 또하나의 특징은 감당하기 힘든 식욕과 탐욕이다. 통째로 먹이를 삼키기도 하고 자신의 은신처에 먹이를 저장해놓기도 한다. 영화 〈괴물〉에서 괴물은 이 영화의 출발점에 불과하다. 이 영화의 진정한 주인공은 이러한 괴물과 맞서 싸우는 가족이다. 그들은 누구의 도움도 받지 못한 채, 처절하고 외로운 사투를 벌인다.

  인간들은 모두 눈에 보이지 않는 괴물과 사투를 벌인다. 이 시대의 괴물은 잔인하고 공포스러운 모습보다는 누구나 공감할 수 있는 논리를 가지고 접근한다. 가끔 아름답고 우아한 모습으로, 또는 근사한 선물을 가지고 오기도 한다. 사람의 모습으로 괴물이 하는 짓을 아무 거리낌없이 해버리는 이 시대의 괴물은 영화 속이 아니라 현실에서도 인간과 공존하며 분명 공포의 대상이 되고 있다. 괴물을 즐기는 것은 어쩌면 내면의 억압된 상처에 대한 자각 증상이며 검은 네트워크의 심적 정황이 유발된 심리적 상태일 수도 있다. 가장 위험하고 심각한 문제는 괴물이 현대인의 끔찍한 보복성을 반증하고 있다는 사실이다.

○
사과가
지구다

 45억 년이 넘는 지구의 역사에 비해 인류 문명의 역사는 너무나 짧고, 더구나 인간이 자연을 가공하기 시작한 역사는 더욱더 짧다. 그 짧은 자연과의 접촉 기간 중에도 자연을 파괴하여 재생 불능의 상태로 만들어놓은 역사는 불과 몇백 년밖에 되지 않는다. 짧은 기간인데도 인간은 생태계를 엄청난 규모와 속도로 파괴했고, 생태계 파괴는 위기를 불러올 정도로 심각하다.

 미국과 유럽에서는 이미 1970년대 초반부터 다양한 이미지와 형상화를 통해 생태계 문제를 본격적으로 다루기 시작하였고 이에 따른 새로운 경향으로 생태문학도 대두

되었다. 생태문학은 우리의 생활 방식, 의식 구조, 무의식적인 욕망 등 매우 근본적인 부분까지 문제삼는다.

신동엽 시인의 「산문시 1」(『신동엽 시전집』, 창비, 2013)에는 포도밭을 지키는 농민이 부정적 근대성을 극복하는 모습이 보여진다. "억만금을 준대도 싫었다 자기네 포도밭은 사람 상처 내는 미사일기지도 탱크기지도 들어올 수 없소 끝끝내 사나이나라 배짱 지킨 국민들, 반도의 달밤 무너진 성터가의 입맞춤이며 푸짐한 타작소리 춤 사색뿐". 환경 파괴의 문제는 농민들의 문제, 바다의 문제가 아니라 오존층 파괴의 문제로, 지구상의 모든 생명체와 구성 요소가 동시에 파괴되고 있음을 알려준다.

자연은 어떤 것보다도 믿을 만한 경전, 교훈 지혜서 같은 것이었다. 인간들은 자연이라는 책을 통해 생과 세계의 진실을 찾아보려는 노력을 해왔다. 인간은 무엇보다도 생물로서의 특성을 갖고 있기 때문이다. 인간이 자연이며 자연은 곧 살아 있는 생물이기에 이런 생각은 계속하여

유효하다.

하나님이 자신의 모습에 따라 인간을 지으셨기 때문에 인간은 원래 선해야 할 것이다. 그러나 아담이 에덴동산에서 축출된 이래 우리는 모두 아벨을 죽인다. 자연 살해 동기는 소유욕이다. 이 소유욕이 자연을 약탈하고, 모든 기계를 제조하고 동원해 생태를 파괴한다. 인간의 창조가 신의 위치에 서려는 데까지 막 달려가고 있다.

한스 마그누스 엔첸스베르거가 쓴 「사과에 대한 만가」라는 시의 아주 훌륭한 한 행은 다음과 같다. "저기 저 사과가 지구란다"(김광규 역). 사과와 지구를 동일시하고 있다. 사과가 자라야 지구상의 인간들이 사과를 먹을 수 있다. 실제적인 사과는 실제적인 지구이다. 사과 한 개 마음놓고 먹지 못하는 지구 위의 인간들은 결국 파멸할 것임을 이 시는 증언하고 있다.

●
에미는
네 껍질이야

　알맹이에 대한 껍질의 사랑은 대단하다. 유년 시절, 어머니가 가끔 혼잣말처럼 하던 말이 생각난다. "에미는 네 껍질이야." 이제 와 생각해보면 껍질이란 그 말의 느낌이 매우 쓸쓸한 거였다. 알맹이의 눈부신 출현을 위해서 언젠가는 막 까서 버려도 좋은, 기억조차 안 되는 껍질의 역할. 어머니가 돌아가신 후 한동안 마음을 잡지 못했다. 굳은살이 박이기까지 얼마 동안 껍질을 잃은 생살로 살면서 마음 여기저기가 무척이나 아팠다.

　얼마 전 「껍질의 사랑」이란 시를 쓴 적이 있다. 껍질은 개체의 몸에 붙어 보호한다. 더 새로운 몸의 창출을 위해

몸이 껍질을 버려야 하는 순간, 껍질은 몸과의 이별을 아무런 불만 없이 받아들인다. 온몸을 비틀며 껍질을 떼어내려고 하면 껍질은 금이 가고 찢어지고 깨어져, 결국 눈물을 머금고 몸에서 떨어져나와 파편처럼 나뒹굴어야 한다. 그래서 껍질의 사랑은 안타깝고 눈물겨우며 어떤 때는 비참하기까지 하다. 이러한 고통이 없다면 몸과 껍질은 같이 죽음을 맞게 될 것이다.

바닷가재는 바닷가재로 성장하기 위해 산란하기까지 25회나 껍질을 벗고 그후로도 1년에 한 번씩 또 벗어낸다고 한다. 그렇게 하지 않으면 단단해진 껍질이 몸을 뚫고 들어가 구멍을 내거나 파괴해버려서 결국 질식하거나 단단한 껍질에 찔려죽는다고 한다. 생태계 보전과 순환을 위해서는 이러한 고통스러운 탈피는 필연적이다.

껍질을 다 벗고 나서 다음 껍질이 생성될 때까지 바닷가재는 알몸이 생살로 노출된 채 얼마 동안을 견뎌야 한다. 비바람, 흙먼지가 닿거나 후려칠 때마다 쓰라린 상처를 참으면서 눈물겨운 시간을 견뎌야 새로운 껍질이 만들어지고 다시 새 삶이 시작된다.

바닷가재 말고도 껍질을 벗어야 하는 생물은 수없이 많다. 현란한 무늬와 컬러의 날개를 달고 날아다니는 아름다운 나비도 사실은 눈물겹게 자기 몸 한 부분을 깎아내 버리는, 이런 쓰라린 과정을 거쳐야 했다. 구렁이나 뱀도 허물을 벗어내고는 한 사흘을 움직이지 못한다고 한다. 생살로 땅을 기어야 하는 무모한 고통이 두렵기 때문이다.

누구나 변화를 두려워한다. 지금 있는 그대로가 안정되고 편하다. 그러나 변하지 않으면 언젠가는 더 혹독한 고통과 만나야 하고, 변화하고 싶어도 변화할 수 없는 지점에 서 있게 된다. 산자락에서 본 나무껍질들, 신은 자연을 통해 우리에게 변화의 필연성을 일깨워준다. 세상의 모든 껍질들은 쓸쓸하다.

○
모두
곡선이었다

 창원에서 가우디 건축전시회를 관람했다. 직선은 인간이 만든 것이고 곡선은 신이 만든 것이라고 한다. 독일의 아우토반, 미국의 동부와 서부를 관통하는 고속도로. 인간이 자랑스러워하면서 만들어낸 직선들이다. 인간은 직선이 이루는 최단거리를 즐기나보다.

 스페인에 갔을 때, 고층 아파트임에도 불구하고 지중해를 닮은, 마치 물결치는 듯한 물결선을 살린 건물이 있었다. 엘리베이터를 타고 건물 내부로 올라가면 벽은 반듯하지 않고 원형으로 굽어져 있으며, 한 계단 한 계단은 크기와 모양과 높이가 각각 달랐다. 녹슨 수도꼭지 손잡이, 창문, 창틀까지 세심한 곡선들로 이루어져 있었다. 버섯 모양의 세면대, 아이스크림 모양의 천장, 배로 된 벽난로, 벽과 천장, 유리창의 나선무늬까지 모두 곡선이었다. 스페인 여행중에 물고기 지느러미 모양의 옥상에서 에스프레소를 마신 적이 있다. 레이알광장, 카탈루냐광장, 보케리아시장, 람블라스거리. 지중해를 눈앞에 둔 건물과 도시와 거리는 하나의 작품이었으며 자연과 인간과의 관계를 이루는 이야기가 담겨져 있었다.

마음, 자연, 사랑. 이런 것들은 결코 직선이 아니다. 모든 살해 기구와 상처를 주는 위험한 기구들은 직선으로 되어 있다. 언어도 마찬가지다. 직설적 언어, 직설적 비난, 직감으로 갖는 오해, 모두 위험한 것들이다. 누군가가 피를 흘린다.

문

 이탈리아 밀라노대성당을 방문한 적이 있다. 그곳에는 아치 모양으로 된 세 개의 문이 언제나 활짝 열려 있다. 수많은 사람이 문 앞에서 서성거렸다. 장미꽃이 새겨진 첫번째 문에는 "모든 즐거움은 잠깐이다"라는 글이 쓰여 있고, 십자가가 새겨진 두번째 문에는 "모든 고통도 잠깐이다", 세번째 문에는 "오직 중요한 것은 영원한 것이다"라고 쓰여 있다. 사람들은 열려 있는 세 개의 문을 빠르게 지나갔다. 그 문들이 친근하게 느껴져 자꾸만 다시 보고 싶어졌다. 잠시 후 우리는 아무렇지도 않게 모르는 건물로 갔다. 잠겨 있어서 들어갈 수 없었다. 하는 수 없이 붉은 장미 몇 송이가 꽂혀 있는 광장 테이블에서 커피를 마셨다.

문을 열어놓는 것, 마음을 연다는 것, 가슴이 열려 있다는 것은 무한한 가능성을 열어놓는 것이다. 로마가 열악한 환경, 조건, 상황 속에서도 대제국을 건설할 수 있었던 이유도 개방성 때문이었다고 한다. 지적 기반은 그리스인에게서, 국민의 체력 강화는 켈트족과 게르만족에게서, 기술에 있어서는 에트루리아인, 경제 성장을 위해서는 카르타고인에게서 국익에 필요한 것들을 수용했다고 한다. 로마인의 뛰어난 점은 바로 주변 민족들을 향해 열려 있었다는 점이다.

흥선대원군의 쇄국정책이나 1950년대 이후 분단국가의 의사 불통으로 인해 한반도의 발전 속도는 50년 이상 늦춰졌다고 한다. 각 세대는 자기 세대만의 고유한 사유 형식을 갖는다. 그러나 세대와 세대는 늘 의사소통적 통일을 염원해야 한다. 우리나라는 오랫동안 유교 정신을 정신문화의 중심으로 삼았다. 자기와 다른 가치체계를 용납하지 않는 배타적·독단적 사유의 뿌리를 가지고 있다. 이것이 단절의 문화를 가져왔다. 가끔 사람들과의 관계로 고민할 때가 있다. 그때마다 기도하면서 문을 열어놓아야 한다는 것을 알면서도 쉽지가 않다. 용감한 자는 비판의 문도 활짝 열어놓아야 한다고 하지만 이 또한 쉬운 일은 아니다. 비판의 문을 개방하면 따가운 비판을 통해서 개선과 변화를 얻을 수 있다.

예전에 나는 어떤 정신과 의사로부터(그는 내 친구의 담당 의사였다) "말해버리는 것보다 더 좋은 약은 없다"는 말을 들은 적이 있다. 말해버리는 것은 문을 여는 것이다. 불쾌한 느낌, 혼자 어두운 방에 누워 있으면 영락없이 찾아드는 불행이 있다. 이 막연한 어둠의 기억으로부터 빠져나와 조금은 말해야 한다. 절박할수록 나는 문을 열었다.

의자

 인간의 무의식은 공간과 깊은 관계가 있다. 서랍, 상자, 장롱, 의자 등 이것들의 공간은 많은 심리학적 의미를 내포한다. 그래서 '집'이나 '방' '고향'이라는 공간들은 문학 속에서 얼마든지 의미 있게 차용된다.

 우리는 각각 자기 자리가 있다. 이 자리는 일종의 이미지를 끄는 힘이 있다. 예를 들면, '그 자리에 앉는다'라는 것은 '그 자리에 앉지 않는 것'과는 다른 의미와 힘을 갖는 것이다.

 교회 예배 시간에 관심을 가지고 좌석을 한번 살펴보

면, 정한 바 없지만 교인들은 늘 자기가 앉던 자리에 가서 앉는다. 안내자에 의해 자리가 바뀔 때는 매우 불편한 마음을 표출하기도 한다. 또 공식적인 회의에서는 그것이 더욱 선명하게 차별되며 힘이나 지위로 표현되기도 한다.

어느 교회 담임 목사님을 찾아간 적이 있다. 마침 사모님도 같이 와 있었는데, 사모님은 목사님이 늘 앉아서 기도하거나 집무를 보는 테이블 앞 의자에 앉아 의자를 빙빙 돌리면서 전화를 받고 있었다. 나는 좀 떨어진 소파에서 목사님과 잠깐 이야기를 나누고 그 방을 나왔는데, 그때까지 사모님의 전화는 계속 이어지는 중이었고 목사님은 그것을 조금도 불편해하지 않았다. 분명 그 의자는 목사님의 공간이며 목사님의 기도와 사유와 삶과 추억과 개인적 몽상과 연결된 통합된 의미의 자리였다. 이러한 몽상이 다른 누군가의 침입으로 깨질 때 인간은 불편해진다. 아무런 느낌이 없는 듯했던 목사님, 훌륭하다고 느껴야 할까?

정반대의 이야기도 있다. 성가대 지휘를 하는 노교수가 건강상의 이유로 몇 달간 쉬게 되었다. 노교수는 자기 제자에게 대신 지휘를 맡겼다. 제자가 첫 지휘를 하던 날이 생각난다. 노교수가 자신이 입던 지휘 가운을 권했을 때 제자는 절대 사양했고, 성가대원 가운을 입고 맡은 기간 내내 지휘를 했다. 또 자기 스승이 서서 지휘하던 단상에서 내려와 좀 낮은 단에서 지휘를 했다.

자리는 과거의 장소들이 지낸 공간의 역사이며 과거, 현재, 미래를 연결하는 숙소이기도 하다. 우리가 늘 앉아 있는 자리에는 살아온 추억과 휴식과 습관의 온기가 남아 있기에 미묘하며, 이성적인 해석만으로 그 기능과 의미를 가늠할 수 없다.

연탄과 시인

인간에게 신체적으로 두려운 것 두 가지가 있다면 '차가워지는 것'과 '딱딱해지는 것'이리라. 참을 수 없는 차가움과 참을 수 없는 딱딱함은 분명 죽음을 암시한다. 그렇게 뜨거웠던 사랑, 열정, 소망, 생각이 점점 식어버릴 때, 그렇게 말랑말랑하고 유연했던 것들이 굳어서 딱딱해질 때 겁이 난다. 나이가 들면 언어가 딱딱해지고 행위가 차가워진다. 노인들의 얼굴에서 희로애락이 점점 지워지고 평면처럼 밋밋해지는 것은 바로 딱딱해지고 있다는 증거다. 연탄을 소재로 해서 시를 쓴 시인이 있다. "연탄재 함부로 발로 차지 마라/너는/누구에게 한 번이라도 뜨거운 사람이었느냐"(안도현, 「너에게 묻는다」, 『외롭고 높

고 쓸쓸한』, 문학동네, 1994)

  독자들은 이 시를 읽으면서 속이 뜨끔했을 수 있다. 남을 위해 뜨거운 적이 있었느냐고 너에게 묻기보다는 모두 자기 자신을 향해 물어보고 있을지 모른다. 자기 몸이 뜨겁게 다 타고 나면 나중엔 허연 재만 남게 되는 연탄. 이 연탄은 추운 사람, 배고픈 사람, 마음이 시린 사람들을 따스하게 녹여준 적이 있다. 그러나 그 사람들은 연탄이 다 타고 남은, 허옇게 식은 쓸모없는 재를 발로 차거나 부숴버리기 일쑤다.

  결국 가루가 될 때까지 사람들 곁에서 고통스러운 삶을 겪는 연탄을 겨우 30자가 넘는 시로 응축하고 있다. 나이를 먹으면 어떤 상황에서도 쉽게 달아오르지 않는다. 또 딱딱한 것들이 금방 풀어져 말랑말랑해지지도 않는다. 이런 증상이 있다면 분명 위기의 조짐을 느껴야 할 것이다.

한창 뜨거울 때, 한창 말랑말랑하고 부드러울 때 이 뜨거움과 부드러움의 힘으로 누군가를 힘껏 사랑하고 힘껏 돕고 힘껏 녹여줄 수 있다면 정말 행복한 일이다. 평생 한 번이라도 뜨거운 사람이 되어보지 못했다면 참으로 불행한 사람일 것이다.

나는
없겠네

새로운 버전의 스마트폰이 출시되었다. 지금 휴대전화보다 훨씬 크지만 매우 가볍고, 접을 수도 있고, 밀면 작아지기도 한다. 용량의 증가는 물론 기능의 다양성이 기존 것에 비해 실로 놀랄 만하다. 그런데 이런 기능 소개 기사를 읽으면서 놀랍고 신기하기보다는 어쩐지 씁쓸하고 개운치 않았다.

처음 휴대전화가 출시되었을 때는 정말 필요하고 유익한 기기가 되겠다는 생각으로 반갑고 신기했었다. 그러나 휴대전화를 사용하면서부터 나의 정신세계는 점차 메말라가고, 사유가 삭제되며, 삶의 여유가 좁아지는 듯했다.

요즘 언론 환경이나 강의 형태가 획기적으로 달라지고 있다. 휴대전화(인터넷 포함)를 통해 자기가 필요한 것만 집중 선정해서 읽어버리는 식이다. 2박 3일 여행하는 일이 있었는데, 깜빡 잊고 휴대전화를 집에 두고 간 적이 있었다. 여행 첫날은 안정감이 없었다. 모든 정보가 다 휴대전화 안에 있었고, 여행중에도 연락해야 할 일이 산적해 있었기 때문에 조금씩 불안해졌다. 그러다가 울창한 수목 사이를, 꽃 사이를 오래 걷는 동안 불안은 점차 사라졌다. 그 이튿날부터 귀가할 때까지는 정말 편하고 즐겁게 시간을 보냈다. 전화 불통인 여행이 이렇게 명쾌할 줄은 몰랐다.

가끔 휴대전화를 끈 뒤 집에 놓아두고 기도원으로 간다. 휴대전화를 가져가지 않았다는 사실만으로 기도가 너무 잘된다. 그동안 내가 얼마나 기계의 노예가 되어 시달려왔는지를 알 수 있다.

눈만 뜨면 휴대전화 하나로 만능이 되는 시대에 살고

있다. 연락은 물론, 구매, 계약, 기계 시동, 사기, 모함, 모략, 치료, 처방, 사랑, 이별, 심지어 상담이나 예배까지도 다 휴대전화 하나로 할 수 있다.

정말 번잡스럽고 시간이 걸리긴 하지만 휴대전화로 하지 말아야 할 것들은 꼭 있다고 본다. 서로 마주보고 표정을 읽어내거나 배려하는 일, 고통을 같이 나누는 일, 사랑스러운 교감을 나누는 일, 이런 중요한 교환을 어떻게 휴대전화가 다 감당할 수 있을까? 연인이 헤어질 때 흘리는 눈물을 동영상으로 찍어서 보면 그 눈물의 참의미가 전달될까? 얼마나 기억되며 남을 것인가?

어느 해 나는 신문 칼럼에 '나는 없겠네'란 제목으로 글을 썼다. 흙으로 된 자가 끝까지 흙이 되지 못하고 이질적인 것에 길들여지는 일을 참지 못해 잠적해버리는, 한 시인에 대한 연민을 썼다. 가끔 휴대전화 없이 지내보면 즐겁다. 삭제되었던 사유와 담론이 회복되며 깊고 좋은 생각에 푹 빠질 수 있다. 이게 충전이다.

○
자기 자신에게
거짓말을 할 수 있는가?

 거짓과 진실과의 거리는 먼 것 같으면서도 아주 가깝다. 밀레의 그림 〈만종〉을 보면서 '그림 속에 종이 있다고 생각하는 것'은 거짓이면서도 참이다. 그림 속엔 분명 종이 그려져 있지 않은데 종이 있다고 생각하는 것은 거짓이지만, 부부가 하루의 노동이 끝날 무렵 어디선가 들려오는 종소리를 들으며 감사하는 마음으로 기도하는 모습을 그렸다면 '만종'은 분명 존재하고 그 사실은 참인 것이다.

 1999년 프랑스 대학 입학시험 철학 과목에 다음과 같은 문제가 있었다고 한다. '자기 자신에게 거짓말을 할 수 있는가?' 원래 거짓말이란 타인을 속이는 것이다. 그러나 실제 자신의 모습과 전혀 다른 자기를 그려내는 모습을 볼 때 인간은 자신에게 거짓말하는 능력이 있음을 알게 된다.

플라톤이 말했다. "겉모습이란 속임수이다." 그러나 명품족의 재력과 능력을 인정하는 사회적 시선과 대우가 작용하는 한, 거짓은 주변 사람들에게 '참'으로 잘 먹힌다. 가끔 범죄영화에서 보는 거짓말탐지기가 생각난다. 거짓말을 가려내는 데 사용하는 기계 말이다. 거짓말을 하게 되면 얼굴에 어떤 징후가 나타나고, 호흡과 혈압, 맥박이 달라지며, 부자연스러운 행동과 긴장 및 경련을 한다고 한다.

그런데 거짓말탐지기도 찾아내지 못하는 거짓말이 있다. 자기 절제력이 강한 자나 연기자 등 절제 훈련을 잘 받은 자는 기계에 어떤 영향도 미칠 수 없다. 쉬운 예로 신 앞에서 거짓말을 하는 것이 죄악이라고 너무 잘 알고 있는 신앙인들 가운데 거짓말탐지기에 걸리지 않는 이들이 있는 것처럼, 양심 앞에 뻔뻔한 이들에게 기계는 아무런 작동을 하지 않을 때가 많다. 일상에서도 우리는 얼마나 많은 거짓말을 하고 있는가?

'보고 싶어 죽을 뻔했다.' '물만 먹어도 살이 찐다.' '미운 내 새끼.' '죽는 줄 알았다.' 신앙인들이 아무런 신앙적 의사나 감동 없이 말하는 '아멘'도 예외는 아니다. 이야기를 지어내면서도 그것이 거짓임을 인식하지 못하는 작화증도 있다. 그러나 이러한 거짓은 참과 무척 가까운 거리에 있으므로 어떻게 공적으로 책임을 물을까, 하는 문제는 참으로 어렵다. '신 앞에 나는 짝퉁이 아닐까?' 하고 가끔 부끄러운 생각을 하며 혼자 얼굴을 붉힐 때가 있다.

나무가 손목을 끌어다
집에 데려다줄 것이다

 '시인에게 치매가 온다면 맨 먼저 산책하다 길을 잃겠지'라고 나는 생각해본다. 치매 환자의 기억은 비누로 만든 것 같다. 내가 치매에 걸린다면 불러도 오지 않는 말 몇 마디와 야생의 가지들이 비누로 지워질 것이다. 파랗고 동그란 접시 같은 달 모양의 기억은 거울을 만들고, 사물들이 거울 속에서 나를 찾아낼 것이라고 믿는다. 끝내는 라벤더꽃을 버리고 쫓아가겠지. 없어지는 것들과 함께 공기를 휘저으며 자꾸 뒤돌아보다 자욱한 안개 들판으로 사라질 것이다. 두고 온 도시는 모두 희미한 얼룩이 되고, 나를 기다리지 않는 쪽으로 나는 갈 것이다.

17년째 칠보산 바로 밑에 살고 있다. 건물 뒤로는 산속으로 들어가는 흙길이 나 있고, 건물 오른쪽 넓은 들엔 시퍼런 파밭이 있다. 선인들도 중복, 말복은 꽃 사태라고 그랬다. 어딜 가나 꽃들이 있다. 도심 뜨거운 아스팔트를 뚫고 이름 모를 한 송이 풀꽃이 올라온다. 언제부터인가 야생화를 보는 재미에 푹 빠져 있다. 야생화 전시장은 물론 서산 신두리 사구에도 몇 번이나 찾아갔었다. 지천으로 깔려 있는 꽃냉이와 야생화들. 네티즌들이 즐겨 읽는다는 「꽃냉이」라는 시도 신두리를 다녀와서 쓴 시다.

매일 풀과 꽃 범벅인 이 산길을 산책한다. 걸으면서 한 사람이 죽고 없다는 사실이 새롭게 느껴지고, 포개지고 번지는 없는 자와의 얽힌 슬픔들이 파꽃처럼 둥글게 핀다. 「야생」이라는 시는 이 길에서 쏟아졌다. 슬픔에 미숙한 자들에게는 잘 읽히지 않을 것 같다.

식목일, 함백탄광 뒷자락 두위봉으로 주목나무를 심으러 갔다. 나무를 심으려다 나를 심은 기분이다. 주목나무를 들고 갱도 위를 지나갔다. 내 몸 아래로 탄갱이 흘러가고 방제갱이 삐죽 나와 있어서 돌아서 갔다. 나는 나무들이 2억 년이나 쓰러져 있던 자리를 팠다. 2억 년을 캐내던 광부처럼 구덩이를 파고 주목나무 뿌리를 묻었다. 살아서 천년 죽어서도 천년, 죽어서도 옆구리가 빛나는 지리산 고사목이 목마른 주목나무인 걸 알았다.

나무가 살아보려고 물을 마시는 시간, 내가 레몬 주스를 마시는 시간, 모든 기차와 헤어지고 하나만 남은 함백역이 나를 바라보고 있었다. 나만 보면서 선량하게 서 있다. 오늘은 식목일, 좋은 날이다. 사갱 구덩이가 나를 깊이 안아줬다. 여러 번 쓰러졌던 나를 가만히 심어줬다. 2억 년 후에 석탄으로 깨어날 얼굴을 묻어줬다. 누군가 어둠 속에 까맣게 매장되어 있는 동안 두위봉은 꽃 천지가 됐다.

○
나는 엄청
빚진 자였다

 사람들은 모두 채권자 의식을 가지고 사는 것 같다. 가지고 있는 것을 조금이라도 나누어줄 때는 반드시 받으려는 마음을 가지는 듯하다. 만일 자기가 준 것에 대해 늘 기억해주지 않거나 일부라도 갚지 않으면, 가차 없이 '배신자'라는 명명과 함께 채무자 취급은 물론 갚을 때까지 비난과 독촉의 눈총을 보내기 때문이다. 받은 자는 참으로 견디기 힘들다.

 선생이 제자를 도와주면 그 제자는 자주 찾아와 고맙다는 인사를 해야 한다. 사정상 인사가 뜸해지면 배은망덕한 제자가 되고 만다. 또 자식 뒷바라지를 성실히 해낸

부모는 자식이 감사 표시가 없으면 자기가 베푼 것들을 되새기며 서운함을 곱씹다가 한을 남긴다. 모든 관계에서 꼭 받으면 줘야 하고 주면 받을 줄 안다.

크리스천의 삶에서도 이러한 현상은 별로 다르지 않다. 자기가 돕고 사랑하고 기도해준 사람은 반드시 자기에게 고맙다는 마음을 가져야 된다고 굳게 믿고 있다. 내가 교회에 이만큼 봉사했으니 교회나 목사님이 나에게 이 정도는 해야 된다고 확정해버리기도 한다.

어떤 장로님의 모습이 떠오른다. "교회에 나만큼 봉사하고 십일조와 헌금을 많이 한 사람 있으면 나와보라고 그래. 그런데 이런 취급을 받아야 해?" 하고 목청을 돋우며 불평하는 소리를 들었을 때, 마음이 허전해지면서 두려운 생각이 들었다. 그는 베풀고 물질을 드린 대상이 사람이 아닌 하나님인데도, 하나님께 채권자의 입장에서 채무자에게 말하듯 청원했다.

나의 삶을 뒤돌아보면, 늘 받기만 하는 채무자의 삶을 살아온 것 같다. 큰 것에서 작은 것까지 이 사람 저 사람에게 빚만 져왔기 때문에 갚지 못한 것이 너무 많았다. 그 많은 채권자에게 나는 어떤 방법으로 갚아야 할까?

어느 날 노트에 내게 사랑의 빚을 내준 사람의 이름을 적어내려갔더니 노트 앞뒤로 여덟 장을 넘겼는데도 끝도 없이 이어질 것 같았다. 나는 엄청난 빚진 자였다. 그런데 어느새 채무자들에게 베푼 작은 것으로 매일 빚 독촉을 하는 나쁜 채권자가 되어 있었다.

추수감사절을 앞두면 갑자기 가슴이 먹먹해진다. 올 한 해 내게 무수한 빚을 지게 한 이들에게 어떻게 감사함을 표시해야 할까. 무엇을 주어야 할까. 어떤 방법으로 주어야 할까. 갑자기 추운 겨울, 성냥을 팔다 쓰러진 성냥팔이 소녀가 생각난다. 캐럴이 쏟아지는 밤, 매서운 바람을 헌옷으로 막을 수 없어 덜덜 떨며 성냥을 팔다 쓰러진 소녀가 한 개비 한 개비 켜대는 성냥 불빛. 그 따스함의 세계에서처럼 그 불빛을 못 가진 자들과 나누고 싶다.

○
예스와 노 사이의
무수한 점

 노나라의 단표라는 사람은 산골에 숨어 물이나 마시며 살면서, 세상 사람과 더불어 이익을 꾀하지 않고 나이 70이 되어도 그 얼굴빛은 오히려 어린애나 다름이 없었다. 그러나 불행히도 굶주린 범을 만나 먹혀 죽었다. 장의라는 사람은 부잣집이나 가난한 집을 가리지 않고 분주히 드나들면서 이익을 꾀했지만, 나이 40에 내열병이 들어 죽었다. 단표라는 사람은 안을 길렀지만 범에게 그의 바깥을 먹혔고, 장의는 그 바깥을 길렀지만 그 안을 병에게 먹혔다. 공자도 말했다. 너무 들어가 숨지 말고, 너무 나와 드나들지도 말아라. 마른나무처럼 그 안팎의 중간에 서라.

불과 몇 년 전까지만 해도 중산층이라는 두꺼운 사회 계층이 있었다. 언제나 없어질 것 같지 않게 이 사회 경제의 중심부를 지키고 있었다. 직장이나 기관에서도 양극으로 치닫지 않는, 말없는 구성원들이 두껍게 중간층을 지키고 있었다. 정치에 대한 관심이 양극으로 치닫는 사람을 가장자리에 두고 묵묵히 침묵하며 지켜보고 기다려 주는 사람들. 그들은 여론의 두꺼운 층을 만들며 안정된 중심을 잡아주고 있었다. 자고 일어나면 각종 언론 매체의 보도는 양극으로 치닫는 격렬한 목소리뿐이다. 그 외에 들을 수 있는 게 없다. 가운데 이야기는 없다. 자석의 서로 밀고 당기는 양끝이 존재하기 위해서는 반드시 중간이라는 부분이 있어야 한다.

공자의 말대로 마른나무처럼 그 안팎의(극단적 사실의) 중간에 서주는 사람들이 '중도는 비겁하다'라는 비난에 양극으로 밀려나고 있다. 예스와 노 사이의 무수한 점, 중도는 거의 사라지고 있다.

나무는 죽을 때
슬픈 쪽으로 쓰러진다

지리산을 오르면서 쓰러져 죽어 허옇게 뼈만 남은 고사목들을 수없이 보았다. '그렇게 차가운 땅에 닿고 싶었나?' 나무들은 슬픈 쪽을 향해 둥글게 등을 구부리거나 다리를 오그리고 뭔가 죽도록 바라보다 마음이 먼저 상해 하얗게 죽은 것 같았다. '나무는 죽을 때 슬픈 쪽으로 쓰러진다'는 생각을 그때 했다. 헐벗고 부족한 곳은 분명 슬픈 쪽이다. 늘 비어 있는 그곳, 슬픔의 하중을 받으면 갈수록 허약해지다가 버티지 못하고 쓰러져버린다.

누구나 바라보고 싶은 대상이 있다. 거기에 닿고 싶어 하고, 그것을 바라보면서 걷고 멈추고 다시 걷는다. 그러다 가끔은 어찌할 수 없는 일들이 생겨난다. 걸음은 멈춰지고 더는 갈 수 없을 때, '닿고 싶은 곳'은 '슬픈 쪽'으로 바뀐다. 그러면서도 쓰러지는 순간까지 그쪽을 오래 바라본다. 결국은 슬픈 쪽, 그쪽으로 쓰러진다. 지리산 고사목들도 그쪽으로 죽음의 방향을 정하고야 꽉, 움켜잡았던 흙을 놓았다. 나무마다 슬픈 방향과 쓰러진 모습이 사뭇 달랐다.

어느 때부터인가 나는 무엇을 인위적으로 어찌하지 않기로 했다. 신은 이미 허약해진 그쪽으로 내가 잡았던 모든 것들을 어느 날 쓰러뜨릴 것이다.

○
오늘은 시를 쓰려고
애쓰지 않았다

 내 몸은 너무 오래 사람들 앞에, 책 앞에 서 있었다. 몇십 년 책 앞에 서 있었으니 나에게서 무슨 냄새가 날까? 모래사장에서 한나절 보내고 귀가하면 옷에서 모래 냄새가 나듯 혹시 오래된 종이 냄새? 아니면 인쇄 잉크 냄새 비슷한? 그런 이상한 생각을 해본 적이 있다. 혼자 있으면서 스스로에게 말을 걸어 말을 주고받는 행위는 자주 있는 일이다. 말할 수 없는 타인들이 갈수록 늘어나서 가끔 내가 나에게 말하고 있다.

 오랫동안 학교에 있었으므로 모든 책은 학교에 두었다. 집에 따로 서재가 없었기에 필요한 책을 들고 학교와 집을 오가느라 가방은 늘 커다랬고, 무겁고 들기 힘들었다. 퇴직하면서 그 많은 책을 다 정리했다. 최소량의 책만 남길 때 머리가 텅 비는 느낌의 허전함이 있었다.

이제 정말 나에게 서재라는 공간이 필요할 때구나, 생각했다. 책에 둘러싸여 있는 서재가 아니라 절박함의 순간에 꼭 혼자 묻고 답해야 할 공간이 필요했다. 책을 읽다가 글을 쓰다가 잠깐 잠들다가 부스스 깨어 뭔가 또 시작하기도 하는 그런 공간. 몇십 년 있었던 연구실 말고 좀 더 안락하고 기분 쾌적한 공간. 그런 생각을 하면서 간단한 책과 편한 분위기로 서재를 만들어보았다.

참 이상한 일이다. 학교 연구실과는 달리 오래 의자에 앉아 있으면 허리뿐 아니라 함께 무너지는 그 무엇들이 있었다. 무엇일까? 그 불편함이 무엇인지 확실하게 말하기 어렵지만 가끔 참기 힘들어서 며칠씩 그 방에 들어가지 않은 적도 있다. 학교보다 의자도 더 편하고 소음도 없고 귀찮게 불러내는 사람도 없고 창문을 열면 달빛도 숲

바람도 들어오는 방인데……

얼마 안 가서 나는 사람들이 잘 이해 못하겠지만 서재 없이 책 없이 얼마간 지내고 싶다는 생각이 들었다. 몇십 년 너무 오랜 시간 시에 응집된 글을 쓰느라 책과 글에 지친 것일까? 도대체 무엇이 그리 간절해서 그 두꺼운 책들을 읽어내며 불편을 겪어야 했나. 아주 책을 잊어버릴 것처럼 읽던 책을 엎어놓고 서재 밖으로 나갔다. 서재 밖에서 오래 지냈다.

어느 날 나는 갑자기 읽다 덮어둔 보리스 비앙의 『세월의 거품』(이재형 옮김, 웅진씽크빅, 2009)을 다시 읽고 싶어졌다. 혹시 절필하고 싶은 것이 아닐지 걱정이 됐다. 곧 글을 못 쓸 시간이 다가오고 있는 듯했다. 책도 없이, 시인이 시도 없이, 이기적으로 세상에서 늙어가는 한 여자가 돼가는 듯했다.

다시 책에 대하여, 글에 대하여 평정을 찾는 데 거의

1년이 걸렸다. 언어들이 나를 깨우면서 새롭게 내 안에 있어주는 걸 느꼈던 날 나는 기뻤다. 멀리 있던 마음이 와줘야 가까이 있는 책을 읽을 수 있었다. 그날 밤부터 서재를 다시 자유롭게 드나들 수 있었다.

여름은 멀었다. 서재에서 1,200페이지나 되는 책을 182페이지 읽을 수 있었다. 『세월의 거품』 부분 부분을 또다시 읽었다. 평론가에게 외면당한 후 작가 사후에 더 유명해진 프랑스 소설이다. 번역본으로 읽은 기억이 가물가물해서 다시 읽었다. 소설의 결말이 너무 처절하고 비극적이라 마음이 먹먹했다. 오늘은 시를 쓰려고 애쓰지 않았다.

칠보산 초록이 얼마나 무성한지, 그 무성함이 얼마나 아름다운지 서재를 나와 걸었다. 자연을 바라볼수록 나는 작아진다. 이 길은 나의 제2의 서재이다. 바람 불고 꽃잎도 날리는, 때로는 떠난 사람 때문에 잠시 어두워지기도 하는 서재이다.

사랑은 왜 밖에 서 있을까
ⓒ최문자 2022

초판 1쇄 인쇄 2022년 2월 25일
초판 1쇄 발행 2022년 3월 14일

지은이 최문자
펴낸이 김민정
책임편집 송원경 | **편집** 유성원 김동휘 김필균
디자인 이현정
마케팅 정민호 이숙재 김도윤 한민아 정진아 이가을 우상욱 박지영 정유선
브랜딩 함유지 함근아 김희숙 정승민
제작 강신은 김동욱 임현식
제작처 더블비(인쇄) 신안문화사(제본)

펴낸곳 난다
출판등록 2016년 8월 25일 제406-2016-000108호
주소 10881 경기도 파주시 회동길 210
전자우편 nandatoogo@gmail.com | **페이스북** @nandaisart | **인스타그램** @nandaisart
문의전화 031-955-8853(편집) 031-955-2696(마케팅) 031-955-8855(팩스)

ISBN 979-11-91859-15-7 03810

- 이 책의 판권은 지은이와 (주)난다에 있습니다.
- 이 책 내용의 전부 또는 일부를 재사용하려면 반드시 양측의 서면 동의를 받아야 합니다.
- 난다는 (주)문학동네의 계열사입니다.
- 잘못된 책은 구입하신 서점에서 교환해드립니다.
  기타 교환 문의: 031-955-2661, 3580